ROGER PEYRE

LA
COUR D'ESPAGNE

AU COMMENCEMENT

DU XIXᵉ SIÈCLE

PARIS

LIBRAIRIE ÉMILE-PAUL

100, FAUBOURG SAINT-HONORÉ

1909

ROGER PEYRE

LA
COUR D'ESPAGNE

AU COMMENCEMENT

DU XIXᵉ SIÈCLE

PARIS

LIBRAIRIE ÉMILE-PAUL

100, FAUBOURG SAINT-HONORÉ

1909

OUVRAGES DU MÊME AUTEUR

Histoire générale des Beaux-Arts, in-12, xvi-800 p.; 7e édition; Paris, Delagrave, 1907. — Traduction polonaise de cet ouvrage, par Me Marrené-Morzkowska, in-8°, Varsovie, 1900.

Histoire générale de l'Antiquité, in-12, lxxii-980 p.; Paris, Delagrave, 1887.

Napoléon et son temps, 1re éd. 1888, 1 vol. in-12, viii-880 p., 2e éd.; 2 vol. in-12; Paris, Didot, 1896. — Traduction espagnole de cet ouvrage, par F. Schwartz, Barcelone, 1901. — Traduction polonaise, par Ladislas Bukovinski, Varsovie, 1902.

L'Empire romain, in-8; Paris, Société française d'éd. d'art, 1891.

L'Expédition d'Égypte, in-8; Paris, Didot, 1890.

Marguerite de France, duchesse de Berry, duchesse de Savoir, in-8°; Paris, Émile-Paul, 1902.

Nîmes, Arles et Orange, in-4; Laurens, 1902, 3e édit. 1904.

Padoue et Vérone, in-4; ibid., 1906.

La Peinture française pendant la seconde moitié du XIXe siècle, in-8°, Hatier, 1908.

Répertoire chronologique de l'Histoire universelle des Beaux-Arts, in-8, 2 colonnes; Paris, H. Laurens, 1893.

Le Dauphiné. Le Rhône de sa source à la mer, édité par la Cie P.-L.-M.

Collaboration au *Musée d'art*, publié sous la direction de E. Müntz : *L'art italien au XVIIe siècle. — La peinture et les arts industriels français au XVIIe siècle*.

Dans le *Correspondant* : Comptes rendus des Salons de 1891, 1892, 1893, 1894. — *Les Galeries célèbres et les grandes collections privées* : Chantilly, Ferrières, le Château de Vaux, le Château de Dampierre, l'Hôtel Lambert et les collections Czartorisky, le Foyer des artistes à la Comédie-Française. — *L'Hagiographie et l'imagerie religieuse*.

Dans la *Revue historique* : Une commune rurale des Pyrénées au début de la Révolution.

Dans la *Revue des Études historiques* : Une lettre retrouvée de Colbert.

Dans la *Quinzaine* : Un instituteur d'autrefois.

Dans le *Monde moderne* : Un monastère des temps carolingiens : Saint-Guilhem du désert. — Marguerite d'Autriche et l'église de Brou. — Ad. Yvon. — Meissonier.

Dans les *Chefs-d'Œuvres* : l'Arc de Constantin, le Scribe égyptien du Louvre, la Maison de Campagne de Pierre de Hoghe, la *Simonetta Vespucci* d'A. Pollajuolo, un *Ange musicien* de Melozzo da Forli.

Dans *Comment devenir connaisseur* : les Majoliques d'Urbino.

Dans la *Chronique des Arts* : Lettres inédites de David. — Un tableau attribuable à Luini, au musée de Nîmes.

Dans l'*Ami des Monuments* : Coup d'œil sur l'enseignement des Beaux-Arts et la formation du goût public. — De l'Art dans la vie. — Note sur le Sénatus-Consulte Hosidien et la protection des œuvres d'art chez les Romains, etc.

Dans l'*Art et les Artistes* : Henner.

Dans la *Revue des Pyrénées* : Falguière. — J.-P. Laurens.

Collaboration à la *Miscellanea Napoleonica* du baron Alberto Lumbroso. — Collaboration aux *Maîtres contemporains*, Laurens.

Dans l'*École Gaston Phœbus* : Notes sur l'enseignement des langues celtiques en Angleterre. — Dans la *Revue du Béarn* : Bonnat.

Sous presse : *La Céramique française*, in-8°, Flammarion.

La Cour d'Espagne au commencement du XIXe siècle.

D'APRÈS LA CORRESPONDANCE DE L'AMBASSADEUR DE FRANCE, ALQUIER.

I

Au début de l'année 1800, nos relations diplomatiques avec la cour d'Espagne étaient fort compliquées. Le maintien de l'alliance de Saint-Ildefonse que l'Angleterre faisait tous ses efforts pour rompre avec l'appui d'une partie de la cour, l'agitation royaliste de la région pyrénéenne facilitée par le voisinage de la frontière et par les émigrés déjà réfugiés en Espagne [1], la constitution d'un état important en Italie pour le prince héritier de Parme, la rétrocession, en récompense, de la Louisiane à la France, la guerre avec le Portugal dans laquelle la France voulait entraîner l'Espagne, les secours en approvisionnements, armes et munitions à envoyer à nos soldats de Malte et d'Égypte par l'intermédiaire des ports et des vaisseaux espagnols [2], c'étaient là autant de questions délicates qui exigeaient de notre représentant à Madrid d'autant plus d'habileté, de fermeté et de tact que le gouvernement espagnol était plus inconsistant, plus incapable et plus paresseux.

Cette indolence générale n'empêchait pas cependant les compétitions de pouvoir d'être des plus vives. Emmanuel Godoï, prince de la Paix, le favori qui semblait immovible, avait dû quitter le ministère le 21 mars 1798, et sa charge de premier secrétaire d'État, après avoir été exercée par Saavedra, avait été confiée au marquis

---

1. Ce soulèvement fut plus sérieux qu'on ne le croit généralement. Martres et Saint-Martory furent pris par les insurgés, Toulouse menacée et un de ses faubourgs attaqué.

2. Comme le montre, notamment, la mission du chef d'escadrons (depuis général baron) Clément dont il est question dans la *Correspondance de Napoléon Bonaparte et de son père Lucien*. — Voy. ARCHIVES DU MINISTÈRE DES AFFAIRES ÉTRANGÈRES, *Correspondance politique, Espagne*, t. 660-1. *Turquie*, t. 202, et un article de M. Paul MAR-MOTTAN dans la *Sabretache*.

d'Urquijo, le 20 février 1799. Mais Godoï avait été maintenu dans tous ses honneurs et appointements. Il avait conservé une grande influence et ce n'était pas une médiocre entreprise que de manœuvrer entre ces deux puissances de façon à rester en bons termes avec le premier secrétaire d'État, sans mécontenter le favori de la veille, tout prêt à redevenir le favori du lendemain.

Les difficultés avec lesquelles Alquier — nommé ambassadeur en Espagne, par délibération des consuls en date du 9 frimaire, an VII (30 novembre 1799) — allait se trouver aux prises, dès son arrivée à Madrid, avaient été augmentées par l'insuffisance et le manque d'éducation de son prédécesseur, Guillemardet [1]. Vainement notre ministre des Relations Extérieures, le « citoyen » Talleyrand, lui recommandait-il de montrer « de la persévérance sans importunité, de la fermeté sans aigreur, de la dignité sans orgueil », Guillemardet ayant continué à se rendre insupportable et à choquer tout le monde par son manque absolu de formes, sans que la médiocre considération que méritaient sa conduite privée et sa valeur personnelle pussent apporter la moindre compensation.

Notre nouvel ambassadeur avait été mêlé, comme Guillemardet, au mouvement révolutionnaire ; il avait voté la mort du roi, avec sursis cependant, et avait rempli plusieurs missions pendant la Terreur. Mais, élevé par les Oratoriens, ayant occupé la charge de procureur du roi à la Rochelle avant 1789, il appartenait à cette vieille bourgeoisie française qui, au milieu des brutalités de la politique et en dépit du jargon du temps, avait conservé le goût des bonnes manières et d'un langage poli, au besoin recherché, ainsi que l'exemple en était donné, dans un tout autre genre, par Robespierre et même par Hébert lorsqu'il ne rédigeait pas le *Père Duchesne*. Alquier était de ceux qui avaient sans difficulté adopté le titre de citoyen et la familiarité de ton imposée par les Jacobins, mais comprenaient que ce n'était pas là un langage d'exportation et n'auraient aucune peine à revenir aux habitudes de bonne compagnie du temps passé [2].

---

1. Celui dont le portrait par Goya se voit au Louvre. Guillemardet finit dans une maison de fous, peu de temps après avoir dû quitter la préfecture de l'Allier à la suite d'aventures scandaleuses. Il est fâcheux que Goya n'ait pas fait aussi le portrait d'Alquier. Ce portrait a été fait par David, lorsque, tous les deux exilés comme « régicides » en 1815, se retrouvèrent à Bruxelles.

2. Sur Alquier, voir d'abord un article dans la *Biographie universelle* de Michaud. On sait que, pour les hommes de la fin du xviiie et du commencement du xixe siècle,

On remarquera, dans les extraits qui suivent, combien Alquier a su, sauf de rares exceptions, se garer de la phraséologie déclamatoire à la mode, dont d'autres eurent tant de peine à se débarrasser, même lorsque la mode en fut passée. Son style n'est pas du tout celui des parodistes de Jean-Jacques ; le style à la Robespierre. Il rappelle plutôt la précision et la netteté de la tradition de Voltaire et reste tout à fait français. Ses lettres portent bien le reflet de cet art de la conversation qui était une des supériorités incontestées, presque une des gloires de la France à la fin de l'Ancien Régime. A les lire, sauf les titres et les formules, on ne dirait guère qu'une révolution a passé sur notre pays, bouleversant les idées et les mœurs aussi bien que les institutions; on se croirait encore au temps de Bernis et de Choiseul, et ce n'est pas le style des lettres que lui envoie son ministre, Talleyrand, qui modifie cette impression.

Regnauld de Saint-Jean d'Angely, dans une note destinée au premier Consul Bonaparte qui lui avait demandé de lui désigner des candidats pour le poste de préfet de police (on était au lendemain du 18 brumaire), a fait de notre personnage un portrait qui confirme l'idée que nous en donnent ses écrits :

« Il est difficile, dit-il, d'avoir plus d'esprit, un tact plus fin, plus de tenue et d'aménité. Il connaît beaucoup les hommes et les choses; il faisait la police sous Cochon dont il était l'ami et l'inséparable conseil. On lui reproche une grande poltronnerie et beau-

cette biographie a toute la valeur d'un ouvrage original. Voir aussi les pages qui le concernent, sous la signature E. DE STEISS, dans le *Panthéon biographique universel*, année 1852. Ce recueil est le plus souvent formé de notices apologétiques, de notices de complaisance pour tout dire, mais faites sur des documents et des renseignements communiqués par les familles. La remarquable histoire des *Cabinets de l'Europe pendant le Consulat et l'Empire*, par ARMAND LEFEBVRE, ainsi que l'introduction écrite par SAINTE-BEUVE pour cet ouvrage, contiennent plusieurs pages intéressantes sur Alquier. M. Édouard Lefebvre, père de l'auteur de l'ouvrage, avait été sous ses ordres, comme secrétaire d'ambassade. François TISSOT qui avait connu Alquier lorsque celui-ci était président du tribunal civil de Versailles, en parle dans son *Histoire de la Révolution* et le défend des accusations qui avaient été portées contre lui, au sujet du massacre dans cette ville des prisonniers venus d'Orléans (9 sept. 1792). Plus récemment, M. GEOFFROY DE GRANDMAISON, dans son intéressant et consciencieux ouvrage sur *L'Ambassade française en Espagne pendant la Révolution*, n'a pas manqué de consulter les papiers d'Alquier et en a donné des extraits bien choisis. C'est surtout lui qui, jusqu'à présent, s'est le plus occupé d'Alquier. Il le juge plutôt sévèrement. THIERS, qui en parle à plusieurs reprises *Histoire du Consulat et de l'Empire*, notamment t. XIII, p. 216-217, en porte un jugement qui nous paraît plus vrai. — M. P. COQUELLE vient de publier dans la *Revue d'histoire diplomatique* (1909, p. 106-239) un article sur *la mission d'Alquier à Stockholm*.

coup de paresse ; le travail lui fait peur ; mais il sait faire travailler. Sa conception facile et un coup d'œil juste le dispensent d'une occupation longue… Un rien lui fait peur et, dans le moment du danger, je doute qu'il garde toute sa tête… Depuis Thermidor, envoyé en Hollande, il s'y est conduit avec dignité et circonspection… Envoyé à Munich, il donnait au Directoire de bons renseignements et des avis qui furent négligés… Alquier est patriote (on sait le sens spécial que ce mot avait encore en 1799) ; mais il se voile dans les salons et quelquefois semble y demander excuse de la part qu'il a prise à la Révolution dont il aime les vrais principes et le beau caractère [1]. »

Ce reproche de paresse qu'on fait à Alquier est exagéré, du moins si l'on en juge par l'activité et le soin de sa correspondance diplomatique, et il se montre supérieur à cet égard à bon nombre de ses collègues auxquels on n'a pas adressé la même critique. Il est vrai que la carrière d'ambassadeur s'accommode fort bien d'une certaine flânerie, pourvu qu'on ait le coup d'œil vif et l'esprit observateur, choses qui ne manquaient pas à Alquier : le principal rôle de la diplomatie est de bien observer et de tout voir.

Il est certain, d'ailleurs, que la correspondance d'Alquier pendant son séjour en Espagne est plus active et singulièrement plus étudiée que celle de son successeur, Lucien Bonaparte. Sous le beau ciel de Naples, où Alquier fut envoyé en 1802, son zèle semble s'être relâché. Mais, avec le premier Consul, il fallait marcher droit. Voulant être informé de tout, il tenait plus à la régularité de la correspondance qu'à sa valeur littéraire. Bonaparte chargea donc Talleyrand de rappeler à l'ordre son subordonné. Talleyrand le fit avec une convenance parfaite dans une lettre que nous citons ici, quoique, par sa date, elle soit en dehors de notre cadre, parce qu'elle porte sur la correspondance d'Alquier en général un jugement qui ne saurait être plus juste ni mieux exprimé. Il est impossible de faire accepter la critique avec plus de grâce. La littérature a du bon, lui dit-il en substance, mais il ne faut pas en abuser :

Citoyen, j'ai remarqué quelquefois, et notamment depuis vos dernières dépêches, que votre correspondance n'avoit pas une activité soutenue et que, dans une suite d'informations instructives rendues d'une manière

1. Cité dans la *Biographie universelle*, à l'article Alquier et par M. G. DE GUASN-MAISON.

intéressante, elle présentoit des lacunes qui ne pouvoient plus être remplies par des renseignements tardifs. Le premier Consul, de lui-même, a fait la même remarque. Il a observé que vous n'écriviez que lorsque vous aviez les éléments d'un tableau, tandis qu'il désire que vous ne négligiez pas de lui envoyer même des esquisses, et il m'a donné l'ordre de vous recommander de m'écrire ponctuellement, c'est-à-dire tous les courriers ou tout au moins deux fois par semaine. Vous n'aurez pas toujours des faits importants, des événements indubitablement constatés à m'apprendre; mais, dans les circonstances présentes, tel événement qui, de près, a l'apparence d'une chose indifférente, par ses rapports avec un ensemble que le premier Consul connoît seul, peut acquérir une importance relative dont le prix n'est souvent apperçu qu'à distance de temps et de lieux. Quant aux observations et aux conjectures, elles ont aussi leur intérêt propre et leur utilité éventuelle et, en vous invitant à les moins épargner dans votre correspondance et à la rendre plus fréquente, je crois, citoyen, vous adresser une recommandation dans laquelle vous remarquerez que le reproche de ne pas écrire assez est suffisamment tempéré par la satisfaction que j'aime à vous exprimer sur ce que vous avez écrit.

J'ai l'honneur de vous saluer [1].

Il est vrai qu'à cette époque Alquier se trouvait mêlé à des intrigues singulièrement compliquées qui ne lui laissaient guère le temps d'écrire. D'ailleurs, il ne se le fit pas dire deux fois, et ses lettres furent envoyées dès lors en temps voulu. Quant au reproche de pusillanimité, il faut reconnaître que, dans ses fonctions diplomatiques qui lui plaisaient, son caractère prit plus d'assurance et de hardiesse. On ne peut lui reprocher de n'avoir pas su garder toute sa tête à Madrid et encore mieux à Naples; et, plus tard, lors de son ambassade dans les états scandinaves, on aurait pu signaler chez lui un peu trop d'énergie [2]. « Tout ce qu'on pouvait lui reprocher, a dit M. Thiers, le jugeant d'une façon générale, à propos de ses relations avec Bernadotte, c'était de joindre à une véritable droiture

1. ARCHIVES DU MINISTÈRE DES AFFAIRES ÉTRANGÈRES. *Correspondance politique, Naples*, t. 124, p. 44. Traduction d'une lettre chiffrée adressée par Talleyrand à Alquier, datée de Paris, le 12 frimaire an XI.

2. On voit, par une lettre d'Alquier datée de Naples, que déjà la cour des Deux-Siciles lui avait reproché d'être trop violent (A. E., c. p., *Naples*, t. 130, p. 44. Lettre du 12 nivôse an XIII, 3 janvier 1802). Nous défendrons moins son rôle et surtout le ton de sa correspondance dans son ambassade à Rome, pendant les démêlés entre Napoléon et le pape. Les lettres ont été d'ailleurs en grande partie publiées dans l'ouvrage intitulé, *Recueil des actes émanés de Rome dans la contestation du pape avec Napoléon* (Londres et Paris).

et à une remarquable clairvoyance, une roideur quelquefois dangereuse dans les positions délicates. »

Alquier n'était pas un débutant lorsqu'il arriva à la cour de Madrid. Né en 1752 à Talmont, près des Sables d'Olonne, il avait alors quarante-huit ans. Depuis le 14 juin 1798 (arrêté du Directoire, du 26 prairial, an VI de la République), il avait été accrédité auprès de l'électeur de Bavière. Mais, en Espagne, il allait se trouver en contact avec une cour, un gouvernement, un peuple, qui devaient lui donner bien des étonnements.

Dans les pages qui suivent, nous ne nous occuperons qu'incidemment du rôle que l'Espagne jouait alors dans la politique européenne ; nous ne chercherons dans la correspondance d'Alquier que des études de caractère, des scènes et des tableaux de mœurs.

On sait combien le public français a été curieux des choses d'Espagne depuis le XVIe siècle. Les récits et les jugements d'Alquier peuvent tenir leur place à côté, par exemple, des *Mémoires sur la cour d'Espagne* du marquis Pierre de Villars et des *Lettres* de la comtesse d'Aulnoye. Ils nous feront connaître bien des détails d'une intimité presque médicale, bien des situations scabreuses; mais l'habileté de la rédaction les rend acceptables et, si l'on y rencontre des brutalités et des grossièretés, c'est qu'il reproduit textuellement les paroles de quelque haut personnage ou de quelque grande dame de la cour, ce qui est un trait historique de plus.

II

Arrivé à Madrid le 26 février 1800, Alquier fut présenté au roi et à la famille royale, dès le 4 mars, à Aranjuez. Le lendemain (14 ventôse, an VIII du calendrier républicain), il écrivait à Talleyrand ses impressions sur cette première entrevue [1] :

Citoyen ministre,

J'ai été présenté hier au roi et à la famille royale. On m'a fort bien accueilli et vraisemblablement comme tout le monde l'est en pareille occasion. De tous ceux à qui j'ai adressé quelques mots la Reine seule m'a répondu par une phrase vague sur l'alliance, mais qui a été prononcée avec

1. A. E., c. p., *Espagne*, t. 658, p. 29.

infiniment de grâce. On devine, en voyant cette princesse, qu'elle veut avoir l'autorité et qu'elle la possède tout entière. J'ai vu M. d'Urquijo; il me reçut avec dignité tout au moins. Mon prédécesseur m'accompagnait. Il a été comblé de caresses et démonstrations aimables; j'ai su bon gré au ministre qui le déteste de ce léger aperçu, de sa mesure avec les gens qu'il veut tromper. Notre conversation, vous le pensez bien, a été de la plus insipide indifférence. Je reverrai le 16 M. d'Urquijo et, j'aurai plus de choses à vous dire dans ma première dépêche.

J'ai pris beaucoup de renseignements sur M. d'Urquijo, cet homme dont la fortune est si prodigieuse et rapide. Tous s'accordent sur ce point qu'il est vain, audacieux, vindicatif et sans talents distingués[1]. On affirme surtout qu'il ment à l'excès. Quant à moi, je ne peux encore juger que de ses formes. Elles sont bonnes quoique un peu roides et, en Espagne même, où on fait grand cas de la dignité, on lui reproche d'être hautain et hargneux.

Il ne m'a fallu ni beaucoup de temps, ni beaucoup d'observation pour voir que nous sommes mal ici. Sans doute, il est difficile d'être constamment en mesure dans une cour où la multiplicité des intrigues semble s'opposer aux calculs de la prévoyance, où les moyens honteux qu'on fait agir trompent l'observateur qui voudrait étudier le mouvement des esprits sur le rapport des convenances. Mais il me semble démontré que le manque absolu des formes et de cette dignité personnelle qui suffit souvent pour imposer à la malveillance nous ont mis dans une situation vraiment funeste, puisqu'elle est fort au-dessous de celle à laquelle nous devons nous élever. Je crois fermement que tout est à refaire depuis la manière de représenter jusqu'aux plus simples relations de société. Je remplis un

1. Ce jugement est beaucoup trop sévère. C'était un esprit ouvert aux réformes, qui avait adopté les idées de la Révolution française, sans même condamner tout à fait, disait-on, celles de Marat. Ayant eu maille à partir avec l'Inquisition dans sa jeunesse pour un ouvrage sur la réforme du théâtre espagnol, qu'il voulait amener aux idées françaises, il avait eu peine à échapper à ses griffes. Devenu ministre, il eut soin de limiter ses pouvoirs, en lui ôtant la faculté d'ordonner aucune arrestation sans l'autorisation du roi et en l'obligeant à faire connaître aux accusés le nom de leurs accusateurs. Il propagea la vaccine et permit à Alexandre de Humboldt de faire son célèbre voyage dans l'Amérique du Sud. Tout cela aurait pu lui mériter quelque bienveillance de la part d'Alquier. Mais il est certain qu'un fonctionnaire français devait être facilement choqué de la manière d'être et d'agir des fonctionnaires espagnols, même les meilleurs. Urquijo, inopinément disgracié en décembre 1800, fut enfermé deux ans dans une dure captivité à Pampelune. Il resta à l'écart jusqu'en 1808, où il s'attacha à la cause de Joseph Bonaparte. Il se retira à Paris en 1814, et y mourut en 1817. On peut comparer, sur Urquijo, l'article de la *Biographie Michaud*, et celui de la *Biographie des contemporains*, publiée sous la direction Arnault, dans un esprit tout différent. D'Urquijo avait montré une rare pénétration au sujet des affaires d'Espagne en 1808, en essayant de détourner Ferdinand de se rendre à Bayonne (v. Thiers, VIII, p. 570-78). Voy. aussi ci-dessous, p. 286-7.

devoir en faisant cette observation ; vous approuverez ma délicatesse qui m'interdit les détails.

Il était, en effet, difficile à Alquier de trop charger son prédécesseur ; mais le ministre savait à quoi s'en tenir sur Guillemardet. D'ailleurs, Alquier allait avoir à honneur de regagner pour notre diplomatie cette « réputation de courtoisie jadis acquise à notre nation »[1], suivant l'expression d'un de ses jeunes émules dans la carrière.

Une des premières préoccupations d'Alquier fut d'assurer le secret de sa correspondance. Il savait que toutes ses lettres passant par la voie ordinaire étaient ouvertes à Vittoria et que le « chiffre » même n'était pas sûr, car certains employés espagnols étaient fort habiles à le pénétrer.

Le passage suivant[2] nous fait bien comprendre à quels artifices de policier un ambassadeur doit avoir recours pour dépister les curieux et nous prouve qu'il y a quelque chose de vrai dans l'opinion qui définit la diplomatie, une « haute police internationale » :

Je me détermine à faire partir cette dépêche par un courier (sic)[3]. Quelques observations très simples suffiront, je crois, pour vous faire approuver cette mesure. Dans nul pays on n'ouvre (les lettres) avec autant d'exactitude qu'en Espagne. Les lettres destinées pour la France deviennent surtout l'objet d'une attention toute particulière et vous concevez bien que mes dépêches offrent encore un nouvel intérêt à la curiosité. Je suis même informé par un personnage important qui tient au gouvernement qu'on déchiffre avec une grande facilité et qu'il n'est pas aisé d'échapper à l'œil exercé des agents de la poste. Il suffit d'ailleurs pour se convaincre des progrès de l'art du déchiffrement de considérer que le ministère espagnol usant très fréquemment de l'envoi des courriers a vraisemblablement par devers lui de bonnes raisons pour ne pas fonder sa sécurité sur la composition des chiffres. Je ne me propose pas assurément d'employer ce moyen extraordinaire et coûteux pour toutes mes dépêches ; mais à moins que vous ne me l'interdisiez, j'y aurai recours dans le cas où la connaissance de la correspondance me paraîtrait d'un danger trop grave.

1. Dépêche de Bignon, attaché à l'ambassade de Prusse, citée par M. R. Tarnowski, dans son étude sur *Les loisirs du diplomate Bignon* (*Revue des Études historiques*, 1909, p. 28-30).
2. A. E., c. p., *Espagne*, t. 638, p. 75.
3. Nous conserverons le plus possible l'orthographe des textes que nous reproduisons.

En terminant, l'ambassadeur propose, pour plus d'économie, d'expédier un courrier de Madrid à Bayonne seulement, et d'adresser le paquet au citoyen Basterrèche, sous-préfet de Bayonne, qui le fera parvenir à Paris par la poste.

Alquier sait d'ailleurs tirer parti de cette certitude que ses lettres seront ouvertes et que le contenu en sera connu du roi et des ministres. Il a soin de mettre dans sa correspondance, parfois sous une forme confidentielle pour mieux cacher son jeu, ce qu'il désire leur faire savoir sans qu'il lui ait été possible de le leur dire directement.

Mais jamais, d'autre part, ambassadeur n'eut besoin d'un secret plus certain et plus absolu, pour les terribles révélations, les incroyables détails qu'il avait à donner sur la cour auprès de laquelle il était accrédité. Il écrit, par exemple, dans un rapport daté de Saint-Ildefonse, le 20 thermidor, an VIII (8 août 1800) :

Ce qui répugne le plus à l'observateur étranger, c'est qu'ici rien ne justifie ou ne colore les désordres dont les regards sont frappés. Sur un autre théâtre, sur une autre cour, ce qu'il peut y avoir de contraire aux règles de la bienséance, aux mœurs, à la décence publique est ou couvert par la grandeur ou adouci par l'esprit, les grâces, la politesse et les arts; mais, en Espagne, c'est la débauche dans toute sa laideur, c'est le scandale le plus révoltant : nulle urbanité, nulle délicatesse, nulle pudeur privée ni publique. Les mœurs sont corrompues sans s'être adoucies. L'éclat de la royauté est terni par cet extérieur de débauche et ce vice déhonté que nous reléguons dans les mauvais lieux. Aucun ménagement, aucun voile ne dérobe cet affreux spectacle aux yeux de la multitude et peut-être dans toute l'Espagne il n'est pas une seule personne qui ne sache que pour alimenter l'étrange sensibilité de la reine ce n'est pas trop de l'assiduité d'un fonctionnaire en titre, des attentions passagères du Prince de la paix et du concours fréquent de l'élite des gardes du corps [1].

Ce passage suffit à prouver qu'Alquier, désormais sûr du secret, écrivait en toute liberté.

Dans les nombreuses pièces de sa courte ambassade, nous choisissons trois rapports importants, composés avec un soin particulier et que nous compléterons par des extraits d'autres textes, soit d'Alquier soit d'autres écrivains.

La correspondance d'Alquier trouve aussi un commentaire sin-

<hr>

[1]. A. E., c. p., *Espagne*, t. 659, p. 191, fol. 278; voir aussi p. 275.

gulièrement vivante dans les peintures où Goya a représenté, soit isolément, soit en groupe, les principaux personnages du temps. Nous signalerons notamment le *Prince de la Paix* de l'académie San Fernando et la *Famille Royale*, du musée du Prado, grande toile dont une esquisse fort réduite a passé récemment par la vente Cheramy. Quant aux eaux-fortes qui forment le recueil intitulé les *Caprices*, elles sont fort souvent des allusions aux désordres et aux sottises que le peintre avait sous les yeux, allusions sur lesquelles s'est exercée et peut s'exercer encore la perspicacité des critiques, car elles sont volontairement très subtiles et très énigmatiques. Les explications que le peintre a affecté d'en donner ne font souvent que les rendre plus obscures encore et semblent avoir pour but de dépister le lecteur. La hardiesse du peintre, en effet, aurait pu le mener loin, et, lorsque Ferdinand VII rentra à Madrid, ce roi, tout en lui pardonnant son rôle dans le parti libéral, avait soin de lui dire qu'il avait mérité l'exil et même le garrot [1].

III

Parmi les scandales dont la cour d'Espagne est alors le théâtre, il n'y en eut pas de plus honteux que celui auquel donna lieu le baptême de la fille du Prince de la Paix, scandale qui parut encore plus choquant en Espagne qu'ailleurs, l'Espagne étant restée entre tous le pays de l'étiquette [2].

Le scandale était attendu et Alquier écrivait, dès le 20 thermidor, an VIII [3] :

C'est dans ce mois-ci que doit accoucher la Princesse de la Paix. Cette époque sera sûrement celle de quelque événement remarquable. Il est probable que le roi et la reine nommeront l'enfant. Peut-être même se ren-

1. V. Paul Lefort, *Francisco Goya*, étude biographique et critique suivie de l'essai d'un catalogue raisonné de son œuvre gravé et lithographié. Paris, in-8, 1877. Voir principalement les pages 39-41 où M. Lefort reproduit un commentaire anonyme, écrit en français, qu'il a eu l'heureuse fortune de rencontrer sur la feuille de garde d'un exemplaire de la première édition des *Caprices*.

2. Godoï avait épousé, en 1797, Caroline-Joséphe-Antoinette de Bourbon, comtesse de Chinchón, issue d'un mariage morganatique de Louis-Antoine Jacques, frère de Charles III, avec Marie-Thérèse de Villabriga y Drummond, fille d'un simple officier d'infanterie. Godoï avait pu espérer qu'on traiterait sa femme comme une infante et lui-même comme un infant.

3. Pièce déjà citée (A. E., c. p., Espagne, t. 659, p. 191) 8 août 1800.

dront-ils pour cette cérémonie à Madrid où réside la princesse. La Grandesse aurait assurément une belle et noble occasion pour porter des réclamations auprès du trône ; mais les grands n'en feront rien. C'est, à quelques exceptions près, qui n'offriraient par trois hommes à estimer, la tourbe de l'Espagne.

Le scandale prévu se réalisa dans toute son étendue, comme en témoigne le rapport [1] suivant :

A l'Escurial, le 26 vendémiaire, an IX [2].

Citoyen ministre, Madame la Princesse de la Paix est accouchée d'une fille le 15 de ce mois à Madrid. Le courrier chargé d'apporter la nouvelle à la Cour fut introduit chez la Reine, à cinq heures du matin. Le jour même, le Roi donna des ordres pour les préparatifs du départ qui fut fixé au 17. Les Princes et les Princesses sont restés à l'Escurial. Tous les ministres, les grands maîtres, les grands écuyers des deux maisons, la surintendante et les dames du palais de la Reine ont été du voyage. La musique de la Chapelle a suivi. Le Roi s'était fait précéder par un équipage de chasse et tout ce remuement a eu lieu pour un séjour de 36 heures à Madrid.

Le déplacement du Roi et de la Reine dont il n'y a pas eu d'exemple, même dans les circonstances où quelques personnes de la famille royale étaient malades, a renversé toutes les têtes et il faut avouer qu'il y a eu dans cet événement, des choses d'une exagération et d'un scandale tout à fait notables.

Le baptême s'est fait dans la chambre même de la Reine, ce qui, dans aucun temps, ne s'est jamais pratiqué, même pour les infants. La surintendante de la maison de la Reine, la marquise Doñate de Monte-Alègre, c'est-à-dire ce qu'il y a de plus grand, de plus illustre en Espagne sous le rapport de la naissance et de plus vain par le caractère a été, à son grand regret [3], prendre l'enfant chez le Prince de la Paix et l'a apporté au palais dans ses bras escortée par un détachement de grenadiers suisses.

La célébration terminée, elle le reporta, ayant autour de sa voiture des hallebardiers du Roi qui sont ici ce qu'étaient les Cent-Suisses à Versailles et qui ne font de service qu'auprès des membres de la maison royale. La nourrice suivait dans un carrosse de la Grande Écurie. Les formalités dont je vous donne le détail, tout ennuyeux qu'il est, n'ont jamais été observées de mémoire d'homme que pour les enfants du Roi ou ceux des Princes

1. A. E., c. p., Espagne, t. 660, p. 19, fol. 63.
2. 18 octobre 1800.
3. Surchargé au crayon : *forcée d'aller*.

de sa famille. Le Grand Inquisiteur, ami du Prince de la Paix, a rempli les fonctions ecclésiastiques dans cette pompe religieuse.

Aussitôt après la cérémonie le Roi et la Reine, dans la belle voiture que nous leur avons faite à Paris, se sont rendus chez le Prince de la Paix où ils ont dîné à une table de trente couverts.

L'enfant, qui a reçu les noms de Charlotte-Louise, a été décorée de l'ordre de la Reine, distinction qui, d'après les statuts, est uniquement réservée aux infantes d'Espagne et on a observé que, jusqu'à cette époque cette règle n'avait éprouvé aucune altération. Les cadeaux ont été superbes et cette caresse à l'amour-propre du Prince de la Paix coûte à l'Espagne plus de 500.000 francs. Le Roi et la Reine étaient couverts de diamants et magnifiquement vêtus. On a été surtout frappé de l'air de contentement du Roi. Il a paru prendre part à la fête avec une facilité digne assurément d'être remarquée. La canaille, — et ce mot va bien au petit peuple de Madrid, — n'a pas été aussi contente. On comptait que des poignées d'or seraient jetées au milieu de la foule. On n'a pas donné un écu.

Au fait, et en isolant cet événement de ce ridicule et dispendieux étalage, tout se réduit à un fait historique infiniment simple mais qu'il faut avoir vu pour le croire.

La Reine après avoir vécu sans ménagement, sans pudeur aux yeux de l'Espagne entière avec le Prince de la Paix, avant et depuis le mariage de celui-ci, ayant encore de lui deux enfants dont l'origine n'est pas contestée, se déplace de sa cour et vient appeler et braver tous les regards dans une cérémonie religieuse dont l'éclat met le comble aux distinctions inouïes qu'elle a prodiguées à son amant. Toutes les bienséances sont oubliées ; les règles antiques de la Monarchie sont violées ; les formes réservées pour constater la naissance des membres de la dynastie sont mises en usage pour un enfant étranger, le Roi dont la bonté est indignement trahie est entraîné au milieu de cet opprobre qui dégrade la dignité du souverain et fait outrage à la religion et aux mœurs publiques. Et tout cela se place dans la capitale sous les yeux d'un peuple immense et dans le pays le plus catholique de l'Europe. A quelque différence près pour les temps et pour les lieux, un fait tel que celui-ci ne trouve d'analogue que dans les pages de Tacite ou de Suétone.

L'indignation est générale et profonde et il n'y a pas à Madrid et à la Cour un Espagnol qui ne se croye personnellement outragé par cet excès d'impudence.

Au détail de l'événement que je viens de vous écrire je veux joindre deux scènes qui se sont passées récemment dans l'intérieur du palais et que je tiens d'un témoin irrécusable.

Trois nuits avant celle où accoucha la Princesse de la Paix, Mallo qui se permet de la jalousie eut, à ce sujet, une querelle très vive et son emportement fut tel que ne trouvant plus de reproches à faire et d'injures à dire, il battit la Reine : je dis qu'il lui donna des coups de pied, des soufflets et des coups de poing. Tout cela se passait au poste qu'il occupe régulièrement chaque nuit, dans le lit même de la Reine. Il se lève à la hâte, sort en fermant la porte à double tour et s'empare de la clef afin d'empêcher, dit-il, une entrevue qui devait avoir lieu, au petit jour, avec un garde du corps. La camariste couchée dans une pièce contiguë à l'alcove entendit les débats et les coups. On courut dès le matin redemander la clef qui était indispensable pour le service de l'intérieur : elle fut refusée. Enfin, et ce trait vous paraîtra fort, la Reine recourut à l'autorité de M. d'Urquijo qui chargea le gouverneur du *Sitio* [1] d'aller ordonner à Mallo de remettre la clef sous peine d'être enfoui dans un cachot. Il obéit.

La veille du départ pour Madrid, à dix heures et demie du soir, au moment où le roi venait de se retirer, il y eut une scène à peu près pareille. Le voyage déplaisait à Mallo qui, comme vous l'imaginez bien, abhorre le Prince de la Paix. A l'ordre qui lui fut donné de partir avec la cour, il répondit du ton le plus impudent : « Non je n'irai pas ; tu es une G... une P..., etc. [2] ». La dispute fut si véhémente et les cris si prodigieux que le Roi dont la chambre est séparée par deux ou trois pièces de celle où il avait laissé la Reine, accourut et demanda ce que c'était. On lui fit un détail de gaucherie de femme de chambre qui parut le prétexte de l'emportement où il trouva la Reine. Lorsqu'il fut rentré chez lui, la querelle se ranima et les camaristes de confiance en redoutèrent les suites au point qu'elles vinrent à la hâte faire part de leurs alarmes à M. d'Urquijo et le prier de se rendre chez la Reine. Sa réponse fut sage et d'une bonne mesure : Le Roi ou la Reine vous ont-ils chargé de me dire de monter au Palais ? — Non. — Eh ! bien, je reste chez moi.

Vraisemblablement on se rapprocha : car le lendemain, jour du départ, Mallo qui était de service comme Majordome du Palais, chez le Prince de Parme, fut relevé et emporté à Madrid. Depuis ces deux avantures (*sic*), il annonce qu'il veut se retirer. Je suis très sûr qu'il n'en fera rien ; mais la Reine consternée de cette menace emploie tous les moyens possibles pour l'engager à rester.

Ces faits si révoltants, ces anecdotes d'un si mauvais genre, vous paraîtront peut-être incroyables. Mais, sur ma garantie, je vous les donne comme incontestables.

J'ai fortement contribué à parer au chevalier d'Urquijo une étourderie qui l'aurait complètement perdu. Il fut tellement étonné, lorsque le Roi le prévint de l'objet du voyage de Madrid qu'il ne sut que dire et qu'il se

1. *Sitio* : résidence ; on applique spécialement ce mot aux résidences royales.

2. Une surcharge au crayon nous donne une rédaction moins précise : *et il lui prodigua les épithètes les plus honteuses.*

fit répéter l'ordre jusqu'à trois fois. Le premier conseil que lui fournit
sa raison après l'ébahissement fut de faire le malade pour ne point aller
à la cérémonie. C'était justement ce qu'il y avait de plus inepte à faire.
Je fus informé de sa résolution et je m'en allarmai, parce qu'il était impossible qu'il tînt après cette gaucherie et que, pour rien au monde, je ne vou-
drais pas qu'on nous l'enlevât. Je lui écrivis donc une lettre très amicale
et faite à sa mesure. Elle produisit effet. Il me répondit en m'assurant
qu'il adoptait mon avis, qu'il suivrait la cour et qu'il serait aussi bon
comédien que Garrick. C'est son mot. A son retour, il est venu me raconter
le voyage, et, au vrai, dans une circonstance aussi délicate il me paraît
avoir fait très bonne contenance.

IV

Dans un second rapport [1], daté du même jour, 26 vendémiaire,
an IX, mais qui a un caractère plus officiel, ou moins confidentiel,
Alquier s'occupe surtout du roi et, quoique peu indulgent de sa
nature, il ne peut se défendre d'une véritable sympathie ou de
quelque pitié pour ce brave homme qui, si singuliers qu'aient été
sa faiblesse et son aveuglement, fut vraiment trop décrié aux yeux
de l'histoire par l'ignominie ou l'incapacité de son entourage. Ce
rapport est un véritable interview qui entre dans des détails
capables de satisfaire les reporters les plus exigeants et les plus
indiscrets :

Ambassade d'Espagne
n° 87.

*A l'Escurial, 26 Vendémiaire, de l'an 9 de la République française
une et indivisible [2].*

*L'Ambassadeur de la République française en Espagne au Citoyen
ministre des relations extérieures.*

Citoyen ministre,

J'ai attendu pour vous donner des renseignements sur la cour d'Es-

---

1. A. E., c. p., *Espagne*, t. 660, p. 53. Le rapport reproduit précédemment était écrit
sur un papier quelconque. Celui-ci porte un en-tête imprimé.
2. 18 octobre 1800.

pagne que mes notions particulières fussent parfaitement acquises et que leur certitude me fût en quelque sorte garantie par des observations longues et mûrement réfléchies. J'ai déjà eu l'honneur de vous le dire ; ce théâtre silencieux fournit peu d'événements et, d'après l'inactivité qui y règne, vous ne devez pas attendre des informations fort importantes.

Dans l'impossibilité où je me trouve de vous offrir de grands résultats, je serai forcé de descendre aux plus minces détails et de vous présenter dans leur intérieur, absolument chez eux et dans leurs habitudes de tous les jours, le petit nombre de personnages qu'il importe d'observer. J'ai même hésité à fixer votre attention sur ces insipides récits ; mais j'ai surmonté la crainte de vous ennuyer et j'ai pensé que ce genre d'observations avait aussi son utilité et qu'il n'est pas indifférent, si vous me permettez cette expression de Montaigne, de connaître par le menu le régime de ceux qui gouvernent.

Le Roi se lève à cinq heures précises en toute saison [1]. Depuis plusieurs années il fait lit à part et ne voit plus la reine. A l'époque qui a démontré la cessation de la fécondité, on lui a persuadé qu'user du mariage nuirait à sa santé ; il se l'est tenu pour dit et il n'y pense plus.

Ce prince est-il sur pied qu'il fait sa prière et entend deux messes de suite qui sont dites chez lui [2].

A six heures, il lit quelquefois, toujours des livres sérieux ou de piété, et dans ce dernier cas, exclusivement des ouvrages de Port-Royal [3]. Il déjeune et descend dans ses ateliers qui sont ambulants comme la cour. Les ouvriers qu'il préfère et qu'il conserve toujours auprès de lui sont des menuisiers, des ébénistes, des tourneurs, mais surtout des armuriers très habiles qui sont constamment occupés à ses armes de chasse. C'est au milieu d'eux que le Roi est parfaitement à l'aise. Simple et bon dans ses manières, il prend le style et les formes de ceux qui l'entourent. En entrant, il a mis bas son habit et la chemise retroussée jusqu'à l'épaule il travaille avec eux [4] et dans une heure s'occupe de dix métiers différents.

1. On peut s'étonner de ce lever matinal, lorsqu'on voit ce que le roi fait de ses journées. Il est vrai qu'à cette date encore et surtout en Espagne, on avait l'habitude de se lever bien plus tôt qu'aujourd'hui. Charles IV avait cinquante-deux ans au moment où Alquier le connut.

2. On sait qu'en général les messes sont très vite dites par les prêtres espagnols.

3. Ce choix de lectures jansénistes peut étonner de la part d'un roi d'Espagne ; mais n'oublions pas que Charles III, père de Charles IV, avait chassé les Jésuites et qu'ils n'étaient pas encore revenus. Les Jésuites avaient eu, d'ailleurs, de nombreux adversaires dans le clergé espagnol, et il y avait alors, dans le jeune clergé surtout, un groupe de jansénistes ambitieux et actifs qui avaient appuyé les projets d'Urquijo contre l'inquisition et les abus du pouvoir ecclésiastique.

4. Ce n'était pas là une bizarrerie. On sait combien le goût des métiers manuels était à la mode au xviiiᵉ siècle chez les grands seigneurs et même les princes (Louis XVI, Stanislas Leckzynski, etc.).

Les mémoires de M. L. F. J. de Beausset complètent ce que nous dit Alquier sur ce point en nous parlant de sa passion pour l'horlogerie. C'était le seul côté par lequel on pouvait le rapprocher de Charles-Quint à qui la tradition a attribué, probablement à tort, le même goût. Charles IV avait des centaines de pendules, des milliers de montres dont il n'avait pas voulu se séparer lorsqu'il avait perdu le trône et qu'il avait emportées à Rome, où il habitait le palais Borghèse depuis 1811.

« C'était la seule partie de ses trésors, dit Beausset, dont il avait lui-même surveillé l'emballage, à l'époque de son départ d'Espagne. Toutes ses montres, toutes ses pendules portatives, l'avaient accompagné dans tous les lieux qu'il avait habités. L'étage qu'il occupait dans le Palais Borghèse en était rempli ; il avait, ainsi que la Reine, dans sa chambre à coucher, un grand cadre de velours noir sur lequel plusieurs douzaines de montres étaient placées et la grande affaire, je dirais presque l'unique affaire, était de régler ses montres et ses pendules, de manière que leur marche fût précise et uniforme. »

Un gentilhomme piémontais, le comte de Saint-Martin, que le roi traitait en véritable ami, était le surveillant général de ce service. Un jour qu'un petit carillon venait de se faire entendre autour de sa personne, il s'écria en disant : « J'en ai six dans ma ceinture ; ce sont les montres paresseuses que le Roi me fait porter. »

Revenons au rapport d'Alquier :

Ce prince n'est point étranger aux arts. Il est assez fort en mécanique ; il se connaît aussi en tableaux et sait très bien apprécier son immense et superbe collection peut-être aussi riche que la nôtre.

Des ateliers il passe à ses écuries, caresse ses chevaux, cause familièrement avec ses palfreniers ou les rosse lorsqu'il a de l'humeur, ce qui arrive parfois et alors il est violent et brutal à l'excès.

Combien il est regrettable que le pauvre Charles IV n'ait pas eu, pendant toute la longue période de ses malheurs conjugaux, un de ces bons accès de colère contre la Reine ou du moins contre Godoï. La Reine, il est vrai, en courut une fois le risque, lorsque l'illustre Florida Blanca, le ministre de Charles III que son successeur avait conservé au pouvoir, chercha, pour la dignité du trône et de la nation, à ouvrir les yeux du roi sur ce qui se passait dans sa maison. Le roi entra en fureur, alla trouver la reine, eut avec elle une explication terrible, et.... le ministre fut disgracié, même exilé peu de temps après (9 janvier 1792). Quant à l'amitié et à la confiance du roi pour Emmanuel Godoï, elle fut inaltérable. Jamais, en trente ans, elle ne fut troublée par le moindre nuage. Au milieu des tragiques péripéties de Bayonne, un des principaux soucis de ce pauvre homme était de ne pas être séparé de son cher Emmanuel. Napoléon ayant invité à sa table le roi et la reine d'Espagne, Godoï, quoique non invité, les suivit et il fallut qu'un huissier de service lui interdît l'entrée de la salle à manger. Mais Charles IV ne l'entendait pas ainsi. Au moment de s'asseoir à table, il s'écria avec inquiétude : « Sire, où est Emmanuel ? » L'Empereur ordonna en souriant de faire entrer le favori [1].

Revenons à la journée du roi :

Il monte à cheval pour aller à la chasse ou, quand il fait mauvais, il va passer quelques heures et faire un second déjeuner très solide dans les petites maisons qu'il a près des *Sitios*. La Reine va l'y trouver et ils viennent ensemble au Palais à onze heures et demie.

Quelques moments après, son frère, sa sœur et ses enfants viennent le voir [2]. Tous lui baisent la main, cérémonie qui se répète toutes les fois qu'ils le rencontrent. Le Roi embrasse ses enfants et les congédie : la visite n'a pas duré plus d'un demi-quart d'heure.

[1]. Napoléon n'avait pas pensé à tenir compte de ce sigisbéisme royal. On était moins exclusif en Italie. L'intéressant volume de M. H. Remsen Whitehouse, *Une princesse révolutionnaire, Christine Trivulzio Belgiojoso*, nous fait connaître la formule d'invitation quasi-officielle adressée pour un bal à un ménage italien par le vice-président de la République italienne :

A la citoyenne Visconti d'Aragona.

Le Vice-Président vous invite à un bal pour la soirée du 16 courant à huit heures avec votre mari et un compagnon.

Milan, 4 janvier 1803 et seconde de la R. I.

[2]. Ces princes et princesses sont réunis dans le tableau de Goya. Ce sont : Maria-Josefa, sœur du roi ; le frère du roi, Antonio (1755-1812) ; les infants : le prince des Asturies, Ferdinand (1784-1833), Marie-Isabelle (1789-1848, qui épousa en 1802 le prince royal de Naples, depuis roi sous le nom de François Ier, François de Paule (1794-1865). Marie-Amélie, née en 1779, était morte en 1798, après avoir épousé son oncle Antonio. Deux autres infantes avaient épousé avant 1800 des princes étrangers : Caroline-Joséphine-Thérèse (1775-1830), mariée en 1790 au roi de Portugal Jean VI. Marie-Louise-Joséphine-Antoinette, mariée en 1795 à son cousin le prince héritier de Parme qui devint Louis Ier, roi d'Étrurie. Le Prince Louis de Parme et sa femme se trouvaient alors en Espagne. Charles IV avait eu d'autres enfants morts en bas âge : son fils aîné Carlos-Eusebio était mort en 1783 ; deux jumeaux, Charles-François de Paule et Philippe, nés le 5 septembre 1784, étaient morts au mois de novembre suivant (v. François Rousseau, *Histoire de Charles III*, 2e vol., p. 257-60).

Il se met à table à midi, dîne seul, mange à effrayer. Il ne boit que de l'eau. Je ne dois pas omettre de vous rapporter, à ce sujet, un mot qui est devenu en quelque sorte populaire. Trouvez-nous, disent les Espagnols, un autre roi qui ne se soit jamais levé après cinq heures du matin, qui n'ait jamais bu ni vin, ni caffé, ni liqueurs, et qui, dans toute sa vie, n'ait pas vu d'autre femme que la sienne.

A une heure, quelque temps qu'il fasse, le roi part pour la chasse et cela tous les jours de l'année, sans autre exception que celle du mercredi, du jeudi et du vendredi saints, jours consacrés à des processions d'étiquette. Le Roi est accompagné à la chasse de douze gardes et de deux exempts aux portières ; de lieue en lieue, il trouve des détachements de la même force. Il y a toujours six voitures :

La sienne,

Celle où sont le capitaine des gardes, le grand écuyer, le premier écuyer et un gentilhomme de la chambre.

Une voiture qu'on nomme *de Respeto* ou de respect. Dans le cas où la sienne vient à se déranger, il y monte.

Un carosse pour les seigneurs qui accompagnent le Roi à la chasse.

Une voiture pour le premier chirurgien et le médecin de quartier.

Une autre pour les chefs des tireurs et les arquebusiers et dans laquelle on porte des vêtements pour le roi [1].

Philippe V qui réforma en Espagne l'étiquette de la maison d'Autriche et qui y substitua celle de Versailles, mettait à la chasse les grands officiers dans sa voiture ; mais le confesseur et la Princesse des Ursins, effrayés de ces occasions fréquentes de causeries particulières, persuadèrent au Roi d'aller seul. Cet usage s'est perpétué et vous imaginez qu'il convient fort à la Reine. Cependant il arrive quelquefois que le Roi prend avec lui son frère, prince absolument insignifiant, ou son gendre le Prince de Parme qui n'ose pas dire un seul mot.

On ne chasse point à courre, le sol montueux de l'Espagne ne le permet pas. Trois cents batteurs rassemblent et font passer le gibier.

Le Roi tire bien et est infatigable. Rien n'égale la vitesse avec laquelle il voyage. A chaque lieue il a un relais et le changement d'attelage est fait avec une telle promptitude qu'il ne dure pas 40 secondes. La destruction qu'il fait de toute espèce de gibier est prodigieuse.

C'est énorme ce que coûtent les chasses par la perte des mules et des

1. On voit que la chasse était alors une des grandes affaires de l'État en Espagne. Sans doute, chez le roi Charles IV, ce goût semble être devenu une manie, mais il ne faut pas oublier l'importance qu'avait le service des chasses royales dans les divers pays de l'Europe. Il suffit de rappeler l'organisation des capitaineries en France. Charles III, le père de Charles IV, était lui-même un chasseur forcené ; mais la chasse n'était pas sa seule occupation.

chevaux et le payement des gens employés à ce service qui met chaque jour en mouvement matin et soir près de 500 chevaux et de 700 hommes. Cet exercice est devenu un besoin pour le roi ; il est assurément l'homme de l'Europe qui se donne le plus de mouvement et il périrait bientôt s'il adoptait une vie tranquille et casanière.

Il revient de la chasse, quelque temps avant la nuit, et va trouver la Reine et la Cour à la promenade. Cet usage est de tous les jours de l'année. Sa famille le précède au Palais et il la trouve rassemblée chez lui, lorsqu'il y rentre : la conversation ne dure pas un quart d'heure et l'on se sépare. C'est le moment où les ministres doivent entrer. La Reine est toujours présente au travail et le droit qu'elle a d'y assister remonte à 1479, époque du mariage d'Isabelle de Castille avec Ferdinand le Catholique, roi d'Aragon [1]. Les ministres ne se rassemblent jamais chez le roi. Chacun travaille isolément avec lui à des jours différents et jamais ils ne forment cette réunion que nous appelons conseil.

Le travail du ministre dure à peu près une demi-heure ; puis, la monarchie se trouvant parfaitement réglée, le Roi fait de la musique qu'il connaît assez bien [2]. Il joue du violon, mais sans se gêner et il lui importe

---

[1]. 1479 n'est pas la date du mariage d'Isabelle de Castille avec Ferdinand le Catholique. Ce mariage eut lieu dix ans plus tôt, en 1469, lorsque Ferdinand n'était encore que prince royal. 1479 marque l'année où Ferdinand monta sur le trône à la mort de son père, Jean II. Isabelle était déjà reine de Castille depuis 1474.

[2]. Qu'on est loin des habitudes de Louis XIV qui trouvait que, pour les rois, ne pas travailler c'était prévariquer et que le travail était la rançon de leur pouvoir ! Qu'on est loin de Louis XV lui-même qui, malgré son indolence, en dehors de la part insuffisante mais effective qu'il donnait à son gouvernement officiel, dirigeait encore le *Secret du roi!* Il y a quelque chose de symbolique dans l'anecdote vraie ou fausse racontée par Champort. Un français avait été admis à visiter les appartements particuliers du palais royal de Madrid. Arrivé devant le fauteuil et le bureau du roi, voulant placer un mot aimable, il dit au seigneur espagnol qui l'accompagnait : « C'est donc ici que ce grand roi travaille — Comment ! travaille, dit le conducteur : quelle insolence ! ce grand roi travailler ! Vous venez chez lui pour insulter sa majesté ? » Il s'engagea une querelle où le Français eut beaucoup de peine à faire entendre à l'Espagnol qu'on n'avait pas eu l'intention d'offenser la majesté de son maître. Heureusement tous les rois d'Espagne ne partageaient pas ce préjugé et, précisément, le roi Charles III régnait au moment où Champort écrivait ses *Caractères et anecdotes.* Mais, pour Charles IV, il semblait trouver tout naturel que l'Espagne s'administrât, pour ainsi dire, sans sa participation. Dans un dîner que Napoléon donnait à Bayonne au roi d'Espagne, celui-ci qui souffrait de sa goutte et de ses rhumatismes, parla beaucoup de sa passion pour la chasse, à laquelle il attribuait ses douleurs : « Tous les jours, disait-il, quelque temps qu'il fît, hiver comme été, je partais, après avoir entendu la messe et déjeuné, je chassais jusqu'à une heure, je dînais et je retournais immédiatement à la chasse jusqu'à la chute du jour. Le soir Emmanuel avait soin de me dire si les affaires allaient bien ou mal et j'allais me coucher pour recommencer le lendemain, à moins qu'il n'y eût quelque cérémonie importante. » On voit donc, par le

peu d'arriver à la mesure avant ou après les concertants. Son goût pour cet art est à tel point que dans les jours d'hiver où le mauvais temps l'empêche de courir les champs, il a un concert dans sa chambre avant sept heures du matin [1].

Après le concert le Roi fait une partie d'hombre [2] avec deux vieux seigneurs qui, depuis quinze ans sont assujettis à cette ennuyeuse assiduité. Il y en a quatre ou cinq autres qui causent entre eux. Le roi fatigué de la chasse, s'endort régulièrement les cartes à la main. Presque toujours les joueurs et la galerie font de même et cette société ne se réveille qu'au moment où le maître d'hôtel vient annoncer au Roi qu'il est servi. Après le souper il donne l'ordre pour le lendemain. Le coucher est à 11 heures.

Vous venez de voir une journée du Roi, c'est le cercle de sa vie.

Ce monarque est d'un caractère ouvert et plein de franchise. Il est honnête homme. On vante sa fidélité à sa parole ; mais la nullité du caractère soumet nécessairement ses résolutions et ses engagements à l'influence de la Reine.

Rigide observateur des préceptes de la Religion, il ne se dispense d'aucun des jeûnes prescrits par l'Église et de lui-même il s'est imposé de suivre cette pratique tous les vendredis de l'année.

Le moyen le plus sûr d'exciter ses préventions, c'est de lui dire de quelqu'un qu'il n'a pas de religion. Il n'en revient plus, la disgrâce est complète et rien au monde ne peut en arrêter les suites.

On lui a inspiré une vénération profonde pour les prêtres ; de tous ses sujets, ce sont les seuls qu'il ne se permet pas de tutoyer [3].

Sans avoir l'esprit étendu ni éclairé, il n'est pas incapable de saisir une affaire et de prendre le bon parti et il a quelquefois des éveils de pensée et d'un bon sens exquis qui étonnent ses ministres.

témoignage de Charles IV lui-même, qu'Alquier n'a rien exagéré. C'est moins la paresse que le mépris du travail qui a été la principale cause de la décadence de l'Espagne.

1. Lorsqu'il n'était encore que prince des Asturies, il avait une musique dirigée par Boccherini. Boccherini lui avait donné dans un de ses quintettes une partie de violon qu'il avait écrite sans doute d'après ce qu'il connaissait du talent du prince. Mais celui-ci, mécontent d'avoir à répéter trop souvent les mêmes notes, s'emporta et traita le compositeur de « misérable écolier ». Boccherini insinua que, « pour porter un pareil jugement, il faudrait au moins être musicien ». Charles, saisi de colère, menaça de le faire jeter par la fenêtre.

2. On sait que l'hombre, inventé par les Espagnols au xvi° siècle, était fort en vogue en France, sous Louis XIII et Louis XIV. Son père, Charles III, préférait la manille.

3. Mais tout cela ne l'empêche pas, pas plus que son père, de lutter contre les revendications ecclésiastiques qui porteraient atteinte au pouvoir royal, comme le prouvent les mesures prises par son ministre Urquijo.

Le Roi n'a point de confident, point d'ami. Au milieu de la foule dont il est environné, la Reine a su le mettre dans un isolement absolu. A la chasse, il ne parle qu'aux gens de la dernière classe du service et toujours des qualités ou des maladies de ses chiens ou de ses chevaux.

Il ne tient aucun compte des distinctions de la naissance. Il ne s'en aperçoit pas. Les Medina-Céli, les Albuquerque, les Altamira, les d'Ossuna, tous ces grands si fiers de leur origine ne sont pas à ses yeux plus que ses palfreniers : il a le même ton pour tous. La préférence qu'il semble quelquefois accorder en public à des personnes de sa cour, se manifeste par des plaisanteries désobligeantes, par une dérision cruelle sur leurs disgrâces personnelles, par des coups violents et de toute sa force, ce qui le fait rire aux larmes, car il est grand frappeur, grand batteur, et ces témoignages grossiers de la familiarité du Prince n'en sont pas moins reçus avec une gaieté charmante.

Tous ses sujets même ceux d'un rang inférieur peuvent en tout temps et en tout lieu lui donner des placets. Il les reçoit avec empressement et ne souffre pas qu'un autre les prenne de la main qui les présente : communément on reçoit réponse. Mais, qui que ce soit n'oserait l'entretenir d'une affaire, même de la plus simple. La Reine ne le pardonnerait pas et l'on serait perdu.

Quelques garçons de la chambre qui le servent depuis son enfance et qui ont avec lui le franc-parler des vieux valets n'ont pas échappé à l'inquiétude soupçonneuse de la Reine ; jamais elle n'a pu obtenir qu'ils fussent renvoyés, c'est peut-être la seule fois que son crédit a échoué.

Il n'y a point de confesseur en titre : la perpétuité de cette redoutable puissance alarmait l'intérêt réuni de la Reine et du ministre. Depuis l'arrivée du chevalier d'Urquijo, on prend un moine, le premier venu, communément un capucin et rarement le même est-il appelé deux fois.

Il est constant que Charles IV n'a jamais vu d'autre femme que la sienne. Cette continence si rare sur le trône et avec un tempérament ardent et vigoureux, sous un ciel brûlant, au milieu des femmes les plus dissolues de l'Europe, est ici moins étonnante qu'ailleurs : c'est, si j'ose m'exprimer, ainsi une vertu de tradition : il est connu que depuis l'avènement de Philippe V, aucun roi n'a eu, je ne dis pas une maîtresse, mais la plus légère intrigue de femme.

La branche d'Espagne a certainement dans l'histoire un droit exclusif à cet hommage. Les mœurs et la piété que professent les descendants de Philippe sont quelquefois un contrepoids utile au despotisme absolu des monarques espagnols : car rien ne gêne ou n'arrête leur autorité et celle du Roi de Maroc, leur voisin, n'est pas plus illimitée par le principe et par le fait.

Ce qui doit le plus frapper ceux qui observent Charles IV au milieu de
sa cour, c'est son aveuglement sur la conduite de la Reine. Il ne sait
rien, ne voit rien, ne soupçonne rien d'un désordre qui dure depuis plus
de trente années. Ni les avis qu'il a reçus par écrit, ni les intrigues qui
s'agitaient autour de lui, ni des témoignages de faveur sans prétexte
comme sans exemple, ni des assiduités contraires à tous les usages,
comme à toutes les convenances, ni l'existence enfin de deux enfants
dont la ressemblance avec le Prince de la Paix frappe tous les regards,
rien n'a pu ouvrir ses yeux. Ne pensez pas que cet aveuglement soit
l'effet de la stupidité. Il s'en faut de beaucoup que le Roi manque de la
somme d'esprit ordinaire. Il y a même beaucoup de choses qu'il sait et
fait très bien. Sa conversation est aimable et bonne et incomparablement
plus facile que celle de Louis XVI. Mais habitué à des mœurs régulières
et s'interdisant par piété de mal penser d'autrui dans les choses essen-
tielles, il en est à ce point de pureté qu'il ne croit pas à l'adultère et surtout pour les princesses, car vous saurez que la Reine lui a prouvé dans
des conversations gaies et amicales que l'éclat dont elle est environnée
suffirait pour éloigner les tentations si elle pouvait en avoir. Enfin pour
vous prouver l'excès de sa crédulité, je n'ajouterai qu'un mot. Il dit à qui
veut l'entendre, et avec une bonhomie qui fait baisser les yeux, que
son frère [1] le roi de Naples est un sot qui se laisse mener par sa femme [2].

1. Ce n'est pas un titre de courtoisie. C'était son vrai frère. Lorsque l'infant don
Carlos, qui régnait à Naples sous le nom de Charles VII, quitta l'Italie en 1759 pour
succéder à son frère Ferdinand VI sur le trône d'Espagne sous le nom de Charles III,
il laissa ses possessions italiennes à son fils cadet Ferdinand, âgé de huit ans, tandis
qu'il emmenait avec lui en Espagne son fils aîné, le futur Charles IV.

2. Il est assez intéressant de comparer le jugement qu'Alquier, ambassadeur de la
République française, porte du roi Charles IV avec l'appréciation que donne du
même personnage, lorsqu'il n'était encore que prince des Asturies, M. d'Ossun,
ambassadeur de Louis XV à Madrid. Représentant d'un roi de France et parlant
d'un prince royal de la famille de Bourbon, il est tenu à beaucoup de ménagements,
mais, au fond, les conclusions sont les mêmes. « Le Prince des Asturies, quoique
doué des plus belles qualités, ne paraît pas avoir jusqu'à présent beaucoup de goût
pour les occupations sérieuses. » (Lettre datée d'Aranjuez, 27 mai 1765). En
revanche, « il est un des plus forts et vigoureux hommes de l'Espagne. C'est celui du
royaume qui joue le mieux à la barre. Il est impossible d'être moins instruit et
d'avoir été plus mal élevé ». Cette dernière appréciation ne provient pas de la correspondance d'Ossun, mais d'un mémoire Sur l'État actuel de l'Espagne, 1er mars
1776 (A. É., Mémoires et documents, Espagne, t. 207). D'autre part, d'Ossun ne doute
pas que le prince Charles ne soit mené par sa femme et se félicite que la princesse
des Asturies soit bien disposée pour la France. Il désirerait que le roi de France,
son grand-père, prît quelquefois la peine de lui écrire. On sait que l'infant Philippe,
père de la princesse des Asturies, devenu duc de Parme, en vertu du traité d'Aix-
la-Chapelle, avait épousé, en 1739, Louise-Élisabeth, fille aînée de Louis XV.

Je profiterai du courier qui, vraisemblablement apportera bientôt la ratification du traité de la Louisiane pour vous donner mes observations sur les autres personnes de la Cour, le corps diplomatique et l'infiniment petit nombre d'hommes marquans qui s'élèvent au-dessus de la foule inerte et dégradée des Espagnols.

V

Moins d'un mois après l'envoi de ce rapport, le poste d'ambassadeur était donné à Lucien Bonaparte (arrêté du 16 brumaire, an IX, 7 novembre 1800). Alquier, nullement en défaveur, du reste, était appelé à d'autres fonctions. Ce n'en était pas moins une surprise désagréable et il pouvait se dire avec quelque amertume, qu'un autre arrivait au moment favorable pour profiter de la bonne situation qu'il avait rendue à notre ambassade d'Espagne et terminer les négociations qu'il avait poursuivies avec zèle et intelligence. Faisant preuve d'un dévouement à son devoir et d'un désintéressement dont il faut lui savoir gré, il continua, tout en attendant son remplaçant, à poursuivre le cours de ses observations et envoya un dernier rapport à la date du 8 frimaire, an IX (30 novembre 1800). C'est le plus complet et le plus intéressant de son ambassade et il aurait été vraiment dommage qu'il n'ait pas été écrit[1] :

A l'Escurial le 8 frimaire an 9 de la République française une et indivisible[2].

Citoyen ministre,

Après vous avoir dépeint la vie privée du Roi, je crois devoir vous faire connaître sous le même rapport les autres personnes de la famille royale. J'ajouterai au tableau que formera cet ensemble quelques renseignements particuliers sur les ministres actuels et les membres du corps diplomatique.

[1]. Alquier ne fut rappelé que pour laisser la place au frère cadet de Napoléon que l'on voulait mettre en vue. Il ne pouvait être question de disgrâce. Il devait être adjoint à Joseph Bonaparte dans les négociations de Lunéville. Mais il fut décidé qu'il n'y aurait des deux parts qu'un seul plénipotentiaire. Il fut envoyé alors à Florence pour négocier un traité avec la cour des Deux-Siciles et signa, en effet, le 18 mars 1801, le traité de Florence. Bientôt après, il était envoyé à Naples comme ambassadeur.

[2]. A. E., c. p., Espagne, t. 660, p. 168, fol. 227.

La Reine [1] reçoit à huit heures du matin les gouvernantes et les sous-gouvernantes des infants qui viennent lui en donner des nouvelles ; elle fixe l'heure et la durée de leur promenade et après avoir entendu la messe dans ses appartements, elle consacre une heure à ses lettres particulières. Tous les jours elle écrit au Prince de la Paix ; les événements les plus importants jusqu'à l'étourderie d'une camariste sont l'objet de cette correspondance. On l'informe des aventures de tout genre qui arrivent à Madrid. A midi pendant que le roi dîne, le premier secrétaire d'état a régulièrement une conversation d'à peu près une heure avec la Reine. C'est là qu'il lui rend compte de tous les objets qu'il doit présenter dans le travail du soir ou du lendemain et qu'il reçoit l'ordre sur les avis qu'il doit émettre et sur les personnes à présenter pour les différentes places vacantes. Cette déférence est de rigueur : le ministre ne tiendrait pas 24 heures s'il voulait s'y soustraire. Le Prince de la Paix a été le seul qui, dans les derniers temps de son ministère, ait osé s'en affranchir, mais son crédit et ses succès extraordinaires le font sortir de la règle commune.

Après le dîner du Roi, on sert chez la Reine ; elle mange seule, en présence seulement de quelques camaristes. L'usage de ces repas solitaires s'est introduit depuis que cette princesse a été astreinte à un régime particulier par la perte de ses dents. Depuis plusieurs années il ne lui en reste plus une seule et trois ouvriers attachés à la suite de la cour sont occupés à lui en fournir.

Après son dîner la Reine reçoit toutes les personnes qui ont les entrées et c'est là véritablement son moment de situation le plus éclatant. Personne ne dit mieux les inutilités d'usage dans une audience. Elle met une grâce et une obligeance parfaites dans ses questions sur la santé, l'intérêt et les plaisirs de ceux à qui elle adresse la parole ; il est difficile de réunir plus de noblesse et plus d'aisance. Après cette audience, elle admet pendant quelques minutes dans son intérieur, les femmes distinguées qui ont obtenu quelques grâces ou qui en sollicitent et, jusqu'à l'heure de la promenade, elle reste renfermée avec le favori.

La Reine n'a point de société ni en hommes ni en femmes. Jamais de cercle, de spectacle ou de bal; la cour ne connaît point ce genre de plaisirs. L'austérité des usages n'est adoucie qu'en faveur du combat de taureaux. Le Roi y va régulièrement matin et soir, quelquefois il fait 5-6 lieues pour s'y rendre. La famille royale le suit. Les plus jeunes

---

1. Marie-Louise-Thérèse de Parme, née en 1751, avait épousé Charles IV qui était encore prince des Asturies à l'âge de quatorze ans, en 1765. Fille de Philippe de Parme et de Louise-Élisabeth de France, elle se trouvait donc petite-fille de Philippe V par son père et petite-fille du roi Louis XV par sa mère.

enfants assistent aussi à cette horrible fête et c'est le seul spectacle qu'on offre aux regards de leur enfance. Un mot suffira pour vous donner une idée de ces sortes de jeux, on y tue régulièrement 18 taureaux et j'y ai vu périr 22 chevaux.

La Reine qui a le droit légal et constitutionnel de prendre séance au conseil est toujours présente au travail des ministres, les observations qu'elle fait, le consentement ou le refus qu'elle exprime, font irrévocablement la loi. C'est elle qui règne et il s'en faut bien qu'elle possède une seule des qualités qui pourraient justifier cette usurpation. J'ai entendu vanter quelquefois le talent de la Reine : il est de fait qu'elle n'a ni esprit, ni connaissances, ni fermeté et que, sacrifiant toujours les intérêts les plus précieux de la monarchie à la bizarrerie de ses goûts et aux fantaisies les plus scandaleuses, elle avilit et rend odieux le règne de Charles IV, le meilleur des hommes et le plus faible des rois.

Tant que durera cette funeste domination, il ne faut pas s'attendre à ce que le sort de l'Espagne puisse s'améliorer. Chaque jour de nouveaux abus ajoutent au poids énorme des maux qui menacent d'anéantir les débris de cet état autrefois si grand et si célèbre. Dans cette situation alarmante, la première chose à faire sans doute serait de diminuer les dépenses et de restreindre le nombre excessif des fonctionnaires, des gens à pension et des salariés de toute espèce qui épuisent le trésor public : mais la Reine, qui craint que l'économie n'atteigne à ses goûts et à son poste, s'irrite au seul mot de réforme et elle proscrirait à jamais le ministre vertueux qui oserait faire cette proposition civique et périlleuse.

Confiée dans sa première jeunesse aux soins de l'abbé de Condillac qui éleva son frère, elle n'a conservé des leçons de cet instituteur célèbre que l'habitude de parler assez correctement français. Sans autre talent que celui d'agiter sans cesse, par les plus misérables intrigues les personnes qui l'approchent, elle n'est propre en effet qu'à régner sur des valets. La nécessité de cacher depuis 30 ans aux yeux du roi les dérèglements de sa vie [1] lui a donné l'habitude d'une dissimulation profonde. Nulle femme ne ment avec plus d'assurance et n'a une perfidie plus concentrée. Anti-dévote et même incrédule [2] mais, faible et timide à l'excès, l'apparence du moindre danger lui fait éprouver toutes les terreurs de la superstition et on la voit se couvrir de reliques et de chapelets lorsque le tonnerre se fait entendre.

---

1. Elle avait donc débuté bien jeune.
2. Remarquer cette incrédulité espagnole chez la reine, comme chez Urquijo et bien d'autres.

A cinquante ans elle a des prétentions et une coquetterie qu'on pardonnerait à peine à une femme encore jeune et jolie, et nos filles les plus affichées ne se vêtissent pas avec une indécence plus ridicule.

Nous savons, par d'autres dépêches d'Alquier, qu'elle recherche les étoffes les plus légères et les couleurs les plus claires. Le gouvernement français, voulant faire un présent à la Reine, avait pensé à lui envoyer quelques modèles de choix de nos manufactures lyonnaises. Ce projet donna lieu à des négociations diplomatiques. M. d'Urquijo, chef du gouvernement, ayant été consulté, penchait aussi pour l'envoi des magnifiques soieries de Lyon qui continuaient à être la gloire de notre industrie textile. Mais la Reine fut d'un autre avis et M. d'Urquijo en prévint notre ambassadeur.

M. Alquier écrit à Talleyrand au sujet de cette grave affaire[1] :

Il (M. d'Urquijo) avait cru que S. M. préférerait des robes de gala fabriquées à Lyon. Il ne se rappelait pas que dans ces jours pompeux la Reine ne porte pas le grand habit de cour. Il résulte des détails dans lesquels S. M. a bien voulu entrer avec le premier secrétaire d'État que cette princesse ne désire que des robes de goût très jolies et très légères, telles qu'on les porte à Paris et auxquelles il faudra joindre les ornements accessoires.

Les robes de Lyon déplairaient et ne seraient pas portées. Ce sont donc tout simplement des vêtements en gaze, en linon, ou en mousseline brodées, des couleurs les plus fraîches et des formes les plus nouvelles que veut avoir la Reine.

Il faut se rappeler que la Reine a, alors, cinquante ans et paraît plus que son âge, comme on peut s'en rendre compte sur son portrait par Goya.

Ce qui suit montre, de reste, qu'Alquier ne redoutait point, désirait plutôt même, que cette lettre fût lue à la frontière par les agents du « cabinet noir » espagnol.

S. M. qui réunit, dit-il, à l'esprit le plus juste dans les grandes affaires, le goût le plus délicat et le plus sûr dans tout ce qui tient aux arts et aux objets d'agrément, saura bien apprécier le charme de nos

---

1. A. E., c. p., Espagne, t. 654, p. 267.

modes, et cette princesse assurément est digne de recevoir l'hommage des produits de notre industrie.

Cet attrait que conservaient auprès des souverains les modes parisiennes, même à l'époque de la Révolution, en dépit des haines politiques et de l'abandon complet de la vie de cour dans notre pays, est une preuve frappante du prestige que le goût français avait exercé en Europe, prestige qui résistait encore quand même et qui allait de nouveau s'imposer avec le style napoléonien. Mais revenons au rapport du 8 frimaire, an IX :

Ses dépenses en bijoux et en parures sont énormes et il est rare qu'un courier expédié par l'ambassadeur arrive sans apporter deux ou trois robes. Elle prend des précautions infinies pour cacher ou pour réparer sur son visage les outrages du temps et la Pharmacie de la Cour est sans cesse occupée à lui fournir des moyens conservateurs.

La Reine n'aime rien, pas même son amant pour lequel elle a un mépris profond et qu'elle ne dissimule pas. Dans la dynastie nombreuse des favoris le Prince de la Paix est le seul qui ait su s'asservir cette âme vide et frivole. Aujourd'hui même son ascendant est encore immense, et jamais sa volonté n'est méconnue. Ce n'est pas à l'amour ou à l'habitude qu'il faut attribuer cet assujettissement. Le Prince connaissait bien cette femme artificieuse et tout ce qu'il avait à en redouter. Il l'a donc tellement enchaînée qu'il s'est mis pour jamais à couvert de ses ressentiments et qu'elle a perpétuellement à craindre sa vengeance. Quel que soit le lien par lequel il s'est assuré de cette dépendance, ce lien est certainement très fort.

Quant aux détails de leur liaison ils ne peuvent plus intéresser ; mais c'est un fait qui n'est pas contesté que jamais femme n'a été traitée avec un dédain plus insultant et qu'elle a fréquemment éprouvé des actes de violence et de brutalité qu'un soldat ivre ne se permettrait pas avec une prostituée. Il n'avait pas même pour elle ce ménagement dont ne se dispensent presque jamais les hommes tant soit peu délicats et qui paraît tenir encore plus à la nature qu'à nos usages de société, jamais il ne lui a caché ses amours fugitifs ; il voulait qu'elle les connût et se plaisait à tourmenter son orgueil par l'éclat de ses nombreuses infidélités.

Ceci amène assez naturellement un fait digne de figurer dans une lettre consacrée à peindre les mauvaises mœurs.

Dans les deux dernières années du ministère du Prince de la paix, il était convenu que les hommes ne devaient rien obtenir, absolument rien,

Une consigne sévère les écartait pendant les heures d'audience; on avait cependant exempté les membres du corps diplomatique. Les femmes étaient seules admises le soir à la secrétairerie. Les salons, les antichambres, les corridors en étaient remplis : il y en avait deux cents, trois cents qui accouraient de toutes les parties du royaume, ne croyez pas que j'exagère. Si une fille arrivait accompagnée de sa mère, jamais celle-ci n'entrait chez le ministre. Les solliciteuses sortaient de là animées, chiffonnées et réparant, aux regards de tous les assistants, le désordre de leur toilette.

A travers cet attroupement, les ministres étrangers pénétraient enfin dans le cabinet : les femmes étaient reçues dans un boudoir, dont la porte toujours ouverte pendant l'audience laissait apercevoir un vaste sopha. Le Prince racontait avec gaieté ce qui venait de se passer, il ne sauvait ni les détails, ni les éloges, ni la censure et se plaignait du dégoût que lui causaient cette confusion d'offrandes et ces plaisirs trop faciles. Les bureaux s'accommodaient du superflu du Prince.

Tous les soirs cette scène se renouvellait dans le palais même sous les yeux de la cour, à vingt pas des appartements de la Reine qui était furieuse, qui jettait les hauts cris, qui menaçait et qui finissait par être battue. Ces faits si propres à rapeller le ministère de Pallas [1], je ne les ai pas vus, mais ils m'ont été attestés par des hommes recommandables et qui en ont été vingt fois les témoins et qui résident encore auprès de la cour d'Espagne.

Le favori actuel Mallo est une espèce dans toute la rigueur du mot. Il ne peut aller à rien et sa médiocrité convient fort à la Reine, empressée de jouir de l'autorité qu'elle a ressaisie et au Prince de la Paix qui, dégoûté, depuis longtemps, des fonctions personnelles d'amant en titre, a bien pu consentir à avoir un remplaçant, mais non pas un rival.

Mallo est majordome de semaine, ce qui revient à nos gentilshommes servant par quartier. On le paye en argent, qu'il gaspille en bijoux, en chevaux et en voitures. Au reste toujours environné d'espions, n'ayant pas la liberté de se lier avec qui que ce soit, surtout avec des femmes, il est certainement l'homme le plus malheureux; car il est difficile de concevoir qu'il puisse trouver son bonheur dans l'exercice de son état.

Comme nous l'apprend une lettre antérieure, Charles IV, si peu perspicace et curieux qu'il fût, s'étonna cependant du luxe insolent de Mallo qui n'était nullement conforme ni à son rang ni à sa

1. On voit qu'Alquier, comme, d'ailleurs, les hommes de son temps, aime les souvenirs classiques de l'ancienne Rome.

situation de fortune. Il consulta là-dessus son cher ami, son homme de confiance, Godoï. « Manoel, qu'est-ce donc que ce Mallo? Je lui vois tous les jours des voitures et des chevaux neufs? » Quoique la reine fût présente, Godoï eut l'insolence de répondre : « Sire, Mallo ne possède rien au monde; mais on sait qu'il est entretenu par une femme vieille et laide qui vole son mari pour payer son amant. » Le roi a ri aux éclats et se tournant vers la reine : « Louise, que penses-tu de cela? » — « Eh! Charles ne sais-tu pas que ce Manoel est toujours plaisant? » Alquier qui a peine lui-même à admettre la réalité d'un pareil dialogue ajoute : « Entre moi et quelqu'un de l'intérieur du palais qui a entendu le propos, il n'y a qu'un homme assurément très croyable. »

Se demandant, dans la même dépêche, ce qui a pu décider la reine à faire un choix pareil, Alquier en donne cette raison :

L'abjection de Mallo, le favori actuel, et son inaptitude complète à toute espèce d'affaires font présumer que la reine fatiguée de la tyrannie qui a pesé si longtemps sur son orgueil et sa tranquillité de la part du Prince de la paix, ne choisira désormais que des amants utiles à ses plaisirs et incapables de s'élever à des vues ambitieuses [1].

VI

Après avoir parlé de la reine, Alquier passe au prince des Asturies. Marie-François-Ferdinand, prince des Asturies, né en 1784, avait alors seize ans.

La Reine hait le prince des Asturies qui la déteste. Cet enfant montre trop et trop tôt que les dérèglements de sa mère lui sont connus et qu'il a le Prince de la Paix en horreur. Les éclats de son indignation, encore naïve, peuvent raisonnablement alarmer sur son sort. Il est doux, docile, appliqué et je ne doute pas que, confié à des instituteurs éclairés, il ne fût susceptible d'un développement très avantageux.

Ici, Alquier se montre trop optimiste. Sans doute, il est difficile d'avoir été plus mal élevé, et il n'est pas de situation morale pire

1. Voir aussi ci-dessus, p. 260-1.

que d'être haï d'une mère qu'on est obligé de mépriser. On peut croire qu'avec une éducation différente, il n'aurait pas été un si triste souverain. Mais la médiocrité de l'intelligence, jointe à la bassesse, à la perfidie et à la cruauté qu'il manifesta non seulement dans la situation exceptionnellement pénible où il se trouvait comme prince royal, mais alors qu'il était revenu comme roi dans le pays que lui avaient conservé le loyalisme et l'indomptable patriotisme de ses sujets, ne permettent pas de croire que sa nature « fût susceptible d'un développement vraiment avantageux ».

Alquier, envoyé comme ambassadeur à Naples peu de temps après son rappel de Madrid, allait apprendre de la reine de Naples elle-même des faits intimes de nature à compléter ce qu'il avait pu savoir du prince Ferdinand à la cour d'Espagne.

Une double négociation matrimoniale s'était engagée entre les cours de Naples et de Madrid pour l'union du prince héritier des Deux-Siciles avec l'infante Marie-Isabelle et celle du prince des Asturies avec la sœur du prince de Naples Marie-Antoinette-Thérèse. Le double mariage eut lieu, en effet, le même jour, 4 octobre 1802. Mais peu s'en fallut que tout n'échouât au dernier moment par suite de la mauvaise impression que firent l'infant et l'infante sur le prince et la princesse de Naples. Ils trouvèrent qu'on imposait à leurs sentiments et à leurs goûts des concessions qui dépassaient vraiment la limite de ce que peut exiger l'intérêt de la politique.

En effet, Alquier pouvait écrire de Naples à son ministre le 18 nivôse an XI [1] (8 janvier 1803).

On est au plus mal avec l'Espagne... Le voyage de Barcelone avait déjà donné les impressions les plus fâcheuses. Le prince et la princesse de Naples ne purent cacher l'étonnement que leur causa la stupidité du prince des Asturies et la tournure grotesque de l'infante Isabelle. La répugnance fut si vive que la princesse fondit en larmes et que son frère se serait peut-être rembarqué dès le lendemain si les personnes qu'il avait mises à sa suite ne lui avaient pas représenté tous les dangers de cette étrange résolution.

1. A. E., c. p. Naples, t. 128, p. 23.

La Princesse de Naples [1] n'est pas la seule qui ait vu avec défaveur l'héritier de l'Espagne. Cottugno, premier médecin du roi de Naples, homme célèbre dans son art a été frappé de l'embonpoint excessif du Prince et de la délicatesse de sa voix, et il a annoncé très clairement des pronostics fâcheux pour la ligne de succession.

Ces pronostics ne furent que trop justifiés, comme le montre une autre dépêche d'Alquier, du 7 germinal de la même année (28 mars) :

La mésintelligence qui règne entre la cour de Naples et celle d'Espagne ou plutôt entre les reines n'est pas seulement l'effet des souvenirs que ces deux princesses également impérieuses et irascibles conservent de leurs anciennes querelles. La dissention qui éclate aujourd'hui se complique des disgrâces personnelles de M. le Prince des Asturies qui ne paraît pas destiné à donner des héritiers au trône des Espagnes. La Reine éclairée sur ce fait par la princesse elle-même en parle avec sa véhémence ordinaire et sur ce point délicat, comme sur tous les autres, elle dit tout à tout le monde [2].

Les Espagnols n'ignoraient pas la réserve du prince des Asturies à l'égard de sa jeune femme. Mais ils prétendaient l'attribuer à l'élévation et à la délicatesse de l'amour qu'il lui portait. Ces subtiles justifications touchaient peu la reine Caroline qui disait en propres termes à Alquier dans le langage des « honnestes dames » de Brantôme : « Je respecte beaucoup la tendresse ; mais on ne fera pas croire qu'un jeune homme de dix-huit ans qui couche toutes les nuits dans les mêmes draps avec une femme de son âge, gracieuse et jolie, puisse sans être un sot et un être fort nul ne faire autre chose que de s'occuper de beaux sentiments [3]. »

1. Marie-Antoinette-Thérèse de Naples, sixième enfant et cinquième fille de Marie-Caroline-Louise d'Autriche, fille de François Ier, empereur d'Allemagne, et de Marie-Thérèse. Née en 1784, elle avait le même âge que le prince des Asturies.

2. A. E., c. p. Naples, t. 128, p. 10.

3. Cependant on apprend, par une lettre d'Alquier, du mois de nivôse, an XIII (A. E., c. p., Naples, t. 130, p. 43), que la princesse des Asturies a fait une fausse couche qui ne serait pas naturelle. « La fausse co.......... que vient de faire la princesse des Asturies n'a point été attribuée à un accident ou........ V. E. a dû être informée, par la correspondance d'Espagne, des motifs qui ont.......ortir si brusquement du

L'explication... patriotique que le peuple espagnol cherchait à donner de la singulière abstention de son futur roi était hautement démentie par la conduite du prince qui manquait d'égards à sa femme, même en public, et se montrait dur, impérieux, parfois violent, aussi brutal que sot. Maltraitée par son indigne époux qui voulait l'empêcher par la force, en lui meurtrissant les bras, de se retirer dans son appartement, la malheureuse princesse écrit à sa mère : « Si je l'avais aimé, ce procédé-là m'aurait fait mourir de douleur. Mais je trouve ma consolation dans le mépris que j'ai pour sa personne. »

Il suffirait de cette phrase pour prouver que Marie-Antoinette-Thérèse de Naples n'était pas une personne ordinaire. Elle était, dit Alquier, intelligente et énergique ; on espérait qu'elle régnerait lorsque le roi Charles IV viendrait à mourir. Malheureusement pour l'Espagne, c'est elle qui mourut la première, à l'âge de vingt-deux ans, en 1806, ajoutant un nom de plus à la liste de ces princesses étrangères qui, mariées à des princes espagnols, ont trouvé si triste la vie qu'on leur faisait qu'il semble qu'elles se soient hâtées de la quitter [1].

Après le Prince des Asturies, Alquier nous parle des autres infants.

Ses frères sont des enfants. Le plus jeune, Don Francesco de Paula et sa sœur, la princesse Isabelle, ont une origine commune et très connue. La ressemblance du petit infant avec le Prince de la paix est à faire rougir [2].

Royaume la trop officieuse duchesse de San Teodoro et qui ont occasionné le rappel de son mari. La reine de Naples ne doute pas que la fausse couche de sa fille n'ait été provoquée par des moyens extraordinaires. « Nous avons vainement cherché, dans la correspondance d'Espagne, quelque chose sur ce mystérieux incident. Notre ambassadeur à Madrid était le général Beurnonville, agent consciencieux et correct, mais dont l'esprit ne dépassait guère le niveau de celui d'un bon chef de bureau. Il n'avait ni curiosité psychologique, ni souci littéraire.

1. Est-ce avec intention ? Dans le tableau cité plus haut, Goya représente Marie-Antoinette (placée, comme le sujet l'exigeait, à côté de son époux) détournant la tête comme si elle se refusait à le regarder. Il faut rappeler cependant que Ferdinand VII, mort à quarante-neuf ans, fut marié quatre fois, eut de sa seconde femme deux filles mortes en bas âge et, de la quatrième, deux autres filles qui furent la reine Isabelle II et la duchesse de Montpensier.

2. François-de-Paule-Antoine-Marie, né en 1794, duc de Cadix en 1811, épousa, en 1819, Louise-Caroline-Marie-Isabelle, fille de François Ier, roi de Naples (1804-1811), et

La princesse de Parme, d'un caractère simple et aimable, de mœurs très pures ne suivra jamais l'exemple de sa mère [1]. Son mari est certainement le prince du midi de l'Europe le plus studieux, le plus instruit et le mieux élevé. Je suis persuadé que, si jamais il règne sur un état important, il sera placé au nombre des souverains les plus estimables [2].

L'infant Don Antonio est frère du roi. Imaginez ce qu'il y a de plus insignifiant. Cet excellent homme passe sa vie à tailler des arbres et à faire de la cuisine [3]...

VII

Alquier rappelle ensuite qu'il a déjà parlé plus d'une fois du Prince de la Paix et qu'il est inutile qu'il en parle encore. En effet, il l'a déjà plus d'une fois bien accommodé, par exemple lorsqu'il dit dans sa dépêche du 20 thermidor an VIII (8 août 1800) :

Il suffit de voir ce personnage et de l'entendre pour être bien convaincu qu'il n'a pu devoir son avancement gigantesque qu'à des moyens honteux et qu'en suivant une route où l'on rencontre rarement un homme d'honneur ou un homme à talent [4].

Le moine Augustin el Padre Salmon dans son *Resumen histo-rico de la Revolucion de España* [5] explique de la même manière et

en 1834, Thérèse Arredondo. Il mourut en 1805. Son fils aîné, François-d'Assise, épousa la reine Isabelle II. Marie-Isabelle (1789-1848) épousa en 1802, comme on l'a vu, le prince qui fut François Iᵉʳ, roi de Naples, puis, en 1839, à l'âge de cinquante ans, le comte de Balso, colonel sicilien. La reine Caroline de Naples ne se faisait aucune illusion sur la paternité réelle de l'infante, sa belle-fille.

1. Marie-Louise-Joséphine-Antoinette (1782-1824) avait épousé, en 1795, c'est-à-dire à treize ans, Louis de Parme, fils de Ferdinand Iᵉʳ, duc de Parme et d'Amélie d'Autriche. C'est en faveur de ce prince que Bonaparte constitua le royaume d'Étrurie en 1801. Il était né en 1773.

2. Malheureusement il mourut en 1803 à l'âge de trente ans. D'autres témoignages sur le futur roi et surtout sur la future reine d'Étrurie ne sont pas aussi favorables. V. les appréciations données, dans *Le royaume d'Étrurie*, par M. Paul Marmottan, et notamment p. 52 et 60.

3. Cependant une lettre de Talleyrand à Napoléon, datée de Valençay, 6 juin 1808, (dans les *Souvenirs et mémoires* publiés par Paul Bosseron), dit que Don Antonio avait une bibliothèque de 21.000 volumes qu'il a fait envoyer à Blois.

4. A. E., c. p. *Espagne*, t. 634, p. 101.

5. Chapitre Iᵉʳ du 1ᵉʳ vol., 2ᵉ éd., Madrid, 1820, in-16. Le nᵒ 38 des *Caprices* de Goya, intitulé *Brabisimo* et nous montrant un âne écoutant avec ravissement un singe qui joue de la guitare, représente sans doute le roi et son ministre.

en termes plus simples l'incroyable fortune de Godoy : « C'était, dit-il, un jeune garde du corps de très belle mine ayant un certain talent pour jouer de la guitare et pour chanter, en s'accompagnant, des seguedillas gracieuses et piquantes, qualités qui furent si appréciées de la reine qu'en peu de jours il fut nommé officier, comblé de pensions, de faveurs et de places. » Tout le reste de sa carrière prouva trop bien que c'étaient là les seules qualités qui lui valurent le gouvernement de l'Espagne :

Si vous exceptez, dit Alquier, le débit de toutes les causeries insignifiantes et d'usage qu'il soutient assez bien pendant quelques minutes, rien n'égale la pauvreté infinie de sa conversation, le vide absolu de ses idées et surtout l'ignorance honteuse et profonde qui perce dans tout ce qui lui échappe. Il fait avec une maladresse singulière les aveux qu'il croit propres à rehausser son importance ou, quand la vérité lui manque, il ment avec la plus risible et la plus grossière impudence [1].

Aura-t-il au moins la tenue extérieure, la réserve discrète et parfois hautaine qu'on retrouve chez tous les Espagnols, même dans les derniers rangs de la société ? Incapable de poursuivre un entretien sérieux, saura-t-il au moins se taire, lorsque le silence est nécessaire ? Qu'on en juge par ce seul fait que rapporte Alquier dans une dépêche précédente [2] :

Le Prince de la Paix était à table au moment où arriva un courrier de Pérignon [3] qui apportait au premier ministre la lettre que vous aviez écrite de votre main à l'ambassadeur pour lui faire connaître les articles patents et secrets du traité de Campo Formio. Il ouvrit la dépêche et trouvant qu'elle était difficile à lire, il la remit au ministre de Prusse qui était à ses côtés : « Comte de Rhode, voyez et dites-moi si cela est de quelque importance. » Le comte, après avoir lu, dit en souriant : « Mais oui. Cela me parait en effet de quelque importance et valoir la peine que vous vous en occupiez. » Ce fait a eu trente témoins ; on me l'avait dit,

1. A. É., c. p., Espagne, t. 655, p. 191.
2. Ibid., [   ] 15, du 20 ventôse, an VIII (20 mars 1800).
3. Le général Dominique-Catherine Pérignon, depuis maréchal de France, occupa le poste d'ambassadeur de la République française à Madrid, d'avril 1796 à octobre 1797. Il fut remplacé par l'amiral Truguet qui fut rappelé dès le mois de mai 1798 et céda la place à Guillemardet.

et je ne l'avais pas cru. J'ai vu le ministre de Prusse : je l'ai mis sur la voye et il m'a raconté toute la scène en ajoutant que le lendemain il avait informé sa cour de cette bonne fortune [1].

Quelle que fût la médiocrité de sa personne et de son origine, son ambition une fois éveillée fut insatiable. Simple garde du corps (1784), il était devenu, en moins de douze ans, sans avoir rendu aucun service signalé à son pays, duc d'Alcudia, grand d'Espagne, généralissime des troupes de terre, grand amiral d'Espagne et des Indes, secrétaire d'État, puis premier ministre en 1792 [2]. Le traité de Bâle, dont on voulut lui attribuer l'honneur, l'avait fait Prince de la Paix et chevalier de la Toison d'or.

Il était plus facile de lui donner des places que de lui trouver des ancêtres. Mais, profitant d'une consonnance de mots, la Gazette de la cour de Madrid annonça officiellement que les Godoyes descendaient des rois Goths (Godos) qui avaient régné sur la péninsule avant les Arabes [3], sans s'aviser que, de cette façon, Emmanuel allait se trouver plus noble que le roi. Par d'autres artifices, le généalogiste l'avait rattaché aussi à la famille régnante. Le roi d'ailleurs ne s'en plaignait pas et était peut-être le seul qui fût parfaitement convaincu de l'authenticité de ces descendances. « Cela est évident, dit le roi à ce sujet, Godoy nous tient de fort près. » — « Il y a longtemps que je le savais », dit la Reine qui était présente [4]. En dépit de cette magnifique, de cette incomparable généalogie, Godoy avait cru plus sûr de se rattacher à la famille régnante des Bourbons d'une façon plus précise et l'on a vu plus haut qu'il

1. D'après la manière d'agir du Prince on peut juger de ce que devaient être le désordre et l'indiscrétion des divers fonctionnaires. La retraite de Godoy n'y avait rien changé et Talleyrand, par une lettre du 8 ventôse an VIII (28 février 1800), doit autoriser Alquier à dévoiler à M. d'Urquijo l'infidélité des personnes qu'il emploie dans ses bureaux, le secret des notes officielles les plus confidentielles étant régulièrement violé et les copies de ces pièces livrées, par exemple, aux ministres de Hollande et de Prusse.

2. Manoel Godoy Alfarez y Faria était né en 1767. Il était entré, en 1784, dans les gardes du corps par l'entremise de son frère aîné, Luiz, qui y servait depuis quelque temps et avait été remarqué de la reine.

3. El padre Salmon, op. cit. Le n° 39 des *Caprices* de Goya *Asta su abuelo* jusqu'à son aïeul, représente un âne feuilletant un livre où sont gravés les portraits d'une longue suite de ses parents (Lefort).

4. Note anonyme sur les *Caprices* de Goya citée dans Paul Lefort, *Francisco*

avait épousé, en 1797, la comtesse de Chinchon, fille issue du mariage morganatique de l'infant don Luis, frère du roi Charles III.

Cependant, Godoy n'était pas encore rassasié. Il voulut avoir une souveraineté indépendante et on sait que, lors du traité de Fontainebleau (1807) qui partageait le Portugal, il se fit attribuer la principauté des Algarves; ce qui ne fut d'ailleurs qu'un titre nominal, les Anglais nous ayant chassés du Portugal en 1808.

Aussi avide, plus avide peut-être d'argent que d'honneurs, il s'était acquis aux dépens de l'Espagne une fortune colossale.

Alquier sait par Urquijo, qui disait la bien connaître, que cette fortune égale à peu près le montant exact de la dette nationale de l'Espagne, et qu'elle passe, et bien au delà, cent millions. Cependant chaque jour il l'accroît encore par les grâces qu'il sollicite. Il garde entassés chez lui plus de douze millions [1].

On eut une preuve manifeste de cette fortune colossale lorsqu'il fut amené (ce qui ne lui arrivait pas souvent) à faire un acte de générosité. Voici à quelle occasion.

On avait pu croire un moment que Godoy, malgré son éloignement des affaires, et malgré l'assiduité de Mallo qui lui succédait, allait reprendre de tout point son ancienne place auprès de la reine qui s'abandonnait « à cette passion ou plutôt cette fureur que ni l'âge ni les excès même ne peuvent ni calmer, ni assouvir [2] ». Alquier s'en inquiète :

Il est démontré, dit-il, dans sa dépêche du 20 thermidor an VIII [3], pour les camaristes et tout l'intérieur que les anciennes habitudes (avec Godoy) ont été reprises. On répète même des confidences faites par la Reine à celles de ses femmes qui sont informées de tout et ce qui paraît vraisemblable dans ce récit n'est pas affaibli par les expressions sales et grossières que l'on rapporte pour citer juste et pour ne pas altérer le

Goya, p. 39. Ces généalogies fantastiques, dont il y a plus d'un exemple dans les autres pays, étonnaient peut-être moins en Espagne qu'ailleurs. On trouve, par exemple, dans le recueil intitulé *Rerum hispanicarum scriptorum tomus posterior*, p. 1251 (in-fol. Francfort-sur-le-Mein, 1579), la reproduction de l'élucubration suivante : *Genealogia, sive linea successionis, regnum Hispania ab Adamo usque ad Diluvium et deinceps per temporum seriem ad nostram usque ætatem deducta*.

1. A. E., c. p., *Espagne*, t. 658, p. 75 ; 20 ventôse, an II.

2. A. E., c. p., *Espagne*, t. 659, p. 191. Saint-Ildefonse, 20 thermidor, an VIII (8 août 1800).

3. Sur l'extraordinaire liberté de langage qu'avaient alors les femmes espagnoles, on peut voir le témoignage de Bourgoing, *Voyage en Espagne*, t. II, p. 337.

style original. Tout Madrid s'est entretenu de cet événement avec autant de facilité qu'on en mettrait à parler chez nous d'une aventure d'opéra.

Un fait très remarquable, c'est que le Prince de la Paix qui vivait depuis longtemps avec une jeune personne nommée Pepa Tudo qu'il idolâtrait, que vingt fois il a refusé de sacrifier à la Reine et dont il a des enfants vient tout à coup de rompre cette liaison, en alléguant les ménagements que les motifs de convenance l'obligeaient à avoir pour sa femme pendant sa grossesse. Ce qui fait croire à l'importance des motifs de cette séparation, c'est qu'elle s'est opérée avec des procédés de noblesse et de générosité dont on ne citerait pas un autre exemple dans la vie du Prince. Il a donné à la jeune Tudo 500.000 fr. pour acheter des terres à Málaga, et *toute sa protection pour obtenir une place lucrative au mari qu'elle choisira* [1].

Ce dernier trait est vraiment admirable.

On doit reconnaître cependant que Godoy s'était montré favorable aux réformes à son arrivée au pouvoir et s'était entouré d'hommes distingués, Melendez, Saavedra, Jovellanos. Les historiens espagnols lui sont, en général, indulgents et Lucien Bonaparte avait gardé le meilleur souvenir de ses relations avec lui pendant son ambassade en Espagne. Lucien, il est vrai, alors âgé de vingt-six ans, avait trouvé la vie de Madrid fort agréable et s'y était autant occupé de plaisirs que d'affaires [2]. Sans parler des prévenances et des honneurs dont on l'avait entouré, il devait rapporter de son ambassade une fortune de plusieurs millions. Il ne pouvait pas être bien difficile pour le chef d'un gouvernement qui le traitait si bien. Mais, si l'on considère l'ensemble de la vie privée et publique du Prince de la Paix, on ne peut que s'associer à l'indignation d'Alquier et on comprend, à plus forte raison, que d'Urquijo, qui le haïssait et s'en savait haï ait pu exprimer sur lui cette opinion recueillie par notre ambassadeur : « M. d'Urquijo m'a parlé de son ennemi comme de l'homme le plus vil qu'il eût jamais connu et ʼm'a ditʼ qu'il le couvrait de tout son mépris. Je vous cite ses paroles expresses. »

C'était, d'ailleurs, l'opinion de Napoléon qui ne se laissa pas

1. Cette Josepha Tudo est la seule personne que Godoy ait véritablement aimée.

2. Il était depuis quelques mois veuf de sa première femme, Christine Boyer, morte le 14 mai 1800. Godoy était revenu au pouvoir dès le mois de décembre 1800.

entraîner par les sentiments de son frère. Et, comme Lucien lui demandait à l'occasion du traité de Badajoz, de faire un présent au Prince de la Paix, l'empereur refusa sèchement d'envoyer son portrait à pareil personnage. « Je puis m'en servir, écrivait-il, mais je ne lui dois que du mépris[1]. »

VIII

Continuant sa revue du personnel du gouvernement :

Il n'y a pas à la cour, dit-il, un homme marquant par les talents.

Parmi les grands, le jeune duc de l'Infantado est le seul qui annonce les qualités d'un homme propre aux affaires et ait l'âme grande e forte[2].

Vous connaissez sans doute la réputation du vieux marquis d'Iranda ; nul n'a plus approfondi les maux et les ressources de l'Espagne. Rempli de lumières, fort d'une longue expérience, et fécond en moyens, il pourrait être infiniment utile à son pays et n'est jamais consulté.

Je persiste à croire que le chevalier d'Urquijo ne tiendra pas : peut-être ira-t-il jusqu'au voyage d'Aranjuez, mais il me paraît difficile qu'il termine la saison. Il mécontente le roi, et fait beau jeu à la reine par l'indécence de son faste. C'est un étalage de voitures, de chevaux, de valets, d'habits, de dentelles, le plus ridicule du monde. Insolent avec les personnes de la classe très intime dans laquelle il est né, arrogant avec les grands qu'il semble vouloir humilier, il est universellement détesté et sa chute pourrait devenir une catastrophe terrible. C'est bien certainement à son incurie et à son imbécile opiniâtreté qu'il faut attribuer l'irruption de cette peste qui enlève 80.000 habitants à l'Espagne et achève l'anéantissement de Cadix. Du reste vous savez l'homme par cœur[3].

1. GUILLON, *op. cit.*, p. 226 (11 germinal, an IX, A. E., m. et d., France, t. 1772, fol. 90).

2. Le duc de l'Infantado, né à Madrid (1773-1841), appartenait à l'illustre famille de Silva. Il n'était qu'à moitié Espagnol ayant été élevé en France sous la direction de sa mère une princesse de Salm-Salm. Intelligent et brave, en 1793 il avait levé un régiment à ses frais et avait combattu les Français en Catalogne. Depuis la paix de Bâle, il s'était livré avec passion à des entreprises utiles, avait cherché à améliorer la culture de ses terres, à établir pour ses domaines des filatures de coton avec l'aide d'ouvriers appelés de l'Angleterre. Il faisait le plus noble usage de sa fortune; il aurait pu être le régénérateur de l'Espagne d'autant plus qu'il avait su gagner la sympathie du Prince des Asturies. Mais Godoy et la reine, inquiets de son influence, lui firent donner l'ordre de quitter Madrid.

3. Alquier voyait juste sur la catastrophe qui menaçait Urquijo. A la fin de 1800, au moment où se négociait le traité de Lunéville, il était disgracié avec une brutalité

Alquier, en effet, avait plus d'une fois entretenu Talleyrand de ce personnage dans ses précédentes dépêches et, en dépit du jugement peu favorable qu'il en avait porté dès le début, jugement qui, on le voit, n'avait guère changé, il n'avait pas tardé à nouer avec lui des relations du ton le plus cordial, comme en témoigne leur correspondance qui n'a rien du style officiel et où ils se traitent de « mon cher ami ». Ils avaient, en effet, un fond d'idées communes, Urquijo ayant, comme nous l'avons dit, partagé les idées de notre révolution jusqu'à être un admirateur de Marat.

C'est une chose curieuse, dit notre ambassadeur, que de l'entendre parler des idées qu'il avait adoptées dans les temps les plus fâcheux de la Révolution. Rien ne lui paraissait plus raisonnable et plus beau que le système de Marat. Il l'avoue, ses opinions ont suivi toutes les chances que nous avons parcourues. Il méprisait le Directoire ; mais la nécessité d'agir auprès de cette puissance bizarre par des moyens conformes aux principes qu'elle manifestait ou aux motifs qui paraissaient la diriger, l'avait maintenu dans ses affections révolutionnaires et dans l'habitude d'une activité turbulente. Les événements du 18 brumaire, le nom du général Bonaparte, la fermeté de son administration, la tranquillité de la France et des réflexions sages sur l'intérêt de son pays, l'ont absolument changé. Ce n'est pas un grand ministre, il n'a ni talent supérieur, ni connaissance de détail, ni mesure, ni même ce qu'on appelle de l'esprit ; mais c'est un ministre utile et, au milieu du peuple le plus ignorant, le plus insouciant et le plus inerte de l'Europe, c'est encore un homme rare [1].

En effet, il lui reconnaît ailleurs une qualité peu commune chez un ministre espagnol de ce temps : beaucoup d'activité. Ce ministre,

dont il y a peu d'exemple et même emprisonné. Alquier, comme le font comprendre les mots : « Je persiste à croire » avait déjà prévu cette chute. « Je pense, dit-il, dans une dépêche antérieure, je pense que M. Urquijo ne durera que jusqu'à la paix et qu'il sera remplacé par M. Campo Allaiye. M. Campo Allaiye est assurément un homme pitoyable, mais il est poussé par Godoy et très ami à la fois du roi et de la reine, affections qui datent du règne de Charles III, car Campo Allaiye prêtait de l'argent au prince ainsi qu'à la princesse et de plus cachait ses désordres. Il ne sera pas un ministre meneur, pense-t-on. Or la Reine croit qu'elle doit tout conduire et le roi qu'il est en état de tout diriger ». A. E., c. p., Espagne, t. 659, p. 276.

1. A. E., c. p. Espagne, t. 659, p. 32.

dit-il, n'a pas ce qu'on appelle de l'esprit et du talent, mais il y supplée par beaucoup d'astuce, d'audace et d'activité.

Alquier pense que la France a tout intérêt à le conserver au pouvoir.

Je n'hésite pas à placer au nombre des bons effets que je crois attachés à notre accession aux vues du roi [1], un moyen de plus pour conserver le chevalier d'Urquijo au ministère. Plus je le vois, plus nos rapports se multiplient et plus je suis convaincu que nous aurions tout à perdre dans un déplacement d'autorité. Ce ministre a des idées libérales qui nous conviennent et dont la juste mesure le rattachent au principe de notre gouvernement. Il aime la gloire et il a trente ans [2]. Sans doute ce double rapprochement ne vous paraîtra pas indifférent en liaison d'affaire. Toutes les préventions se sont dissipées.

J'ai eu occasion de vous faire connaître le très estimable M. de Cornel, ministre de la Guerre et de la Marine.

MM. de Soler et Caballero chargés l'un des finances, l'autre du ministère de grâce et de justice et de celui des Indes ne valent pas de vous être nommés [3].

Le corps diplomatique est réduit à peu de personnes par la mort ou par l'absence de plusieurs de ses membres et par les circonstances actuelles de l'Europe.

Je ne répéterai pas tout ce qu'il y a de vrai et de bien à dire de l'ambassadeur de Portugal dont j'ai déjà parlé dans une correspondance.

Le baron de Forrel, ministre de Saxe, homme sage, plein de talents, de connaissances et de dignité personnelle, est ami de M. d'Urquijo. J'ai infiniment à m'en louer et je désire pour le bien de l'Espagne que les conseils de ce ministre puissent guider et soutenir dans le maniement des affaires la jeunesse et l'inexpérience du premier secrétaire d'État.

Le baron de Schubart, envoyé de Danemarck, vient de partir en congé. Ce ministre a la prétention d'être employé à Paris et a calculé qu'en disant un mal infini de M. Dréyer il avancerait ses affaires. Nul homme ne convient moins et nous ne le garderons pas six mois. A l'ouverture de la campagne, il écrivait à sa cour : « La guerre va recommencer, il est bien à désirer qu'elle écrase la France et qu'elle engloutisse Bonaparte. » Le

1. Il s'agit des affaires de Parme et de Toscane et de la constitution d'un royaume d'Étrurie en faveur d'un infant de Parme.

2. Urquijo, en effet, était, à quelques mois près, du même âge que Bonaparte. Il était né à Bilbao en 1769.

3. Ce Soler, dit Alquier dans une dépêche antérieure, est une espèce sans honneur et sans talent, mais qui tient par la Reine à qui il fournit de l'argent.

chevalier d'Urquijo a une copie de cette lettre qui a été ouverte à la poste et qui est écrite en clair.

Je peux aussi vous parler du comte de Rhode, ministre de Prusse. On ne s'attend guère à voir celui-là jacobin et il l'est à l'excès. Au fond, le plus médiocre des hommes. On est ici en possession de rire tout haut de sa personne, mais la décence oblige à ne parler que très bas des goûts qu'on lui connaît.

Avant de terminer cette lettre qui complète les informations que je voulais vous donner sur la cour d'Espagne, je dois à vous, citoyen ministre, à mes successeurs qui parcourront cette correspondance et je dois à moi-même d'ajouter que mes intentions ont été constamment pures; que ce que j'ai dit m'a paru être la vérité et que les imperfections ou les vices que j'ai dépeints existaient réellement pour moi dans les choses et les hommes que j'ai observés. J'ai regretté souvent de ne pouvoir vous offrir un tableau plus consolant d'une nation alliée dont l'existence politique nous intéresse.

IX

Il est probable que, s'il était resté plus longtemps en Espagne, son opinion sur la cour et son entourage ne se serait pas modifiée; car il n'avait pas encore vu les plus grandes hontes : les événements d'Aranjuez et de Bayonne. Il ne connaissait pas les lettres écrites en mars 1808 par la reine d'Espagne à sa fille, la reine d'Étrurie, et au grand-duc de Berg, Murat, pour sauver Godoy, fût-ce au détriment de son fils, lettres dont l'historien sage et impartial qui les a publiées[1] a pu dire « qu'elles resteront comme des monuments impérissables de la dégradation de cette famille ». Parlant du personnel du gouvernement, Alquier pourrait, à plus forte raison, écrire à cette date : « Il faut avoir vu ces gens-ci pour avoir l'idée d'un peuple dégradé[2]. »

Il n'est pas toujours juste de dire qu'un peuple n'a que le gouvernement qu'il mérite et Alquier lui-même écrit dans la même dépêche : « Je crois cependant que la classe intermédiaire renferme beaucoup de gens à talents ou susceptibles du moins d'en acquérir, éloignés d'ailleurs à jamais de tout moyen d'avancement et qu'on doit regarder comme perdus pour les affaires. »

---

1. Armand Lefebvre, *Histoire des Cabinets de l'Europe pendant le Consulat et l'Empire*, t. VII, p. 148-150.
2. A. E., c. p. *Espagne*, t. 658, p. 253.

Ailleurs, après avoir fait un triste tableau de l'incurie, de la paresse, de l'ignorance des officiers, vices auxquels se joint trop souvent dans le commandement supérieur l'absence de toute probité et l'habitude de puiser dans la caisse du régiment, il admire le courage et l'endurance du soldat.

Il faut remarquer d'ailleurs que, plus on abaissera et on avilira le gouvernement sous lequel vivait alors l'Espagne, plus on devra admirer la nation qui, ainsi abandonnée et trahie par ses chefs naturels, n'en sut pas moins organiser la défense contre l'étranger et sauver sa liberté et son indépendance dans une lutte à jamais mémorable. Comme le dit Napoléon à Sainte-Hélène, quelque avantage matériel que pussent leur apporter les principes politiques de la Révolution et de l'administration française, les Espagnols « dédaignèrent l'intérêt pour ne s'occuper que de l'injure ; ils s'indignèrent à l'idée de l'offense, se révoltèrent à la vue de la force. Tous coururent aux armes. Les Espagnols en masse se conduisirent comme un homme d'honneur ».

Même dans la triste période dont nous nous sommes occupés, il y eut des exemples de cette grandeur d'âme dont l'Espagne avait donné des preuves durant toute son histoire.

Cadix était ravagée par la fièvre jaune lorsque Lord Keith parut devant la malheureuse ville, avec une flotte portant une armée de 20.000 hommes sous le commandement du général Abercrombie. L'Anglais comptait profiter de la détresse de la ville pour se la faire livrer sans combat. Le gouverneur de Cadix, Thomas de Morla, écrivit à lord Keith pour lui exposer la situation :

Cette calamité contagieuse menace tout le globe, l'Europe y est intéressée. Un ennemi noble et généreux nous offrirait des secours. Ne vous couvrez pas de honte en commettant des hostilités qui ne serviront qu'à tourmenter notre agonie. Si vous persistez dans votre impitoyable projet, la garnison et les habitants trouveront peut-être des forces dans leur indignation : ils aimeront mieux mourir en combattant que dans les angoisses de l'affreuse maladie qui les dévore.

Cet appel ne fut pas entendu : c'était bien de générosité et d'humanité qu'alors il s'agissait. Keith somma le gouverneur sous les menaces les plus terribles de livrer tous les vaisseaux qui étaient dans le port et tout ce que contenaient les arsenaux. Thomas de

Morla répondit à cette sommation brutale et particulièrement barbare par une lettre qui est un modèle de dignité et de courage.

Messieurs les généraux de sa Majesté Britannique,

En exposant à Vos Excellences la triste situation des habitants de cette ville pour vous inspirer des sentiments d'humanité, il ne me vint point à l'esprit que vous puissiez jamais regarder cette démarche comme un acte de faiblesse : ma pensée a été bien mal interprétée. Vos Excellences renouvellent une proposition plus déshonorante pour celui qui l'a faite que pour celui auquel on ose l'adresser. Soyez bien persuadés, Messieurs, que, si vous tentez de réaliser vos menaces, vous apprendrez à écrire dorénavant avec plus d'égards à des généraux espagnols. Si les leçons que vous avez déjà reçues en peu de temps à *Puerto-Rico*, aux *Canaries* [1] et au *Ferrol* ne vous suffisent pas, les troupes que j'ai l'honneur de commander, soit dans cette ville, soit dans la province et tous leurs généreux habitants sauront par de nouveaux efforts se rendre encore plus dignes du respect et de l'estime de vos excellences.

Votre serviteur,

Thomas de MORLA.

Keith renonça à son projet.

Ces lettres ont été déjà publiées [2]. Mais il était bon de les rappeler ici comme contre-partie de ce qui précède. Car ce sont des documents non moins authentiques, non moins véridiques que ceux qui composent le triste tableau que nous venons de présenter.

---

1. Nelson dirigeait la tentative contre les Canaries : il y fut grièvement blessé.

2. Notamment par Joseph Lavallée dans l'*Espagne* de l'*Univers Pittoresque*, et par RACZCO, *Histoire d'Espagne depuis la mort de Charles III*. On peut rapprocher du témoignage d'Alquier, le *Voyage en Espagne* de Bourgoing, divers passages de l'*Histoire d'Espagne* de Lavallée et aussi les *Lettres marocaines*, agréable imitation des *Lettres persanes*, par le colonel d'artillerie José de Cadahalso, quoiqu'elles se rapportent à une époque un peu antérieure (Cadahalso fut tué au siège de Gibraltar en 1782) et qu'elles n'aient été connues en France qu'en 1808 par la traduction de Charnet-Lagonde. Les archives des Affaires étrangères (m. et d. 210-215, pièce 19), contiennent sur la situation de Godoy, un trait qu'il serait regrettable de laisser perdre. En 1792, les gardes du corps résolurent, par une manifestation magnifique, de célébrer la faveur et la gloire de leur camarade qui portait alors le titre de duc d'Alcudia. Ils choisirent le jour de sa fête. Ils voulurent illuminer sa maison. Ils voulurent même la réunir à l'habitation de la Reine par un arc de triomphe. Godoy refusa. Mais il y eut un concert avec la Todi, la plus célèbre cantatrice qu'il y eût alors en Espagne, concert auquel le Roi et la Reine assistèrent.

Pour conclure non plus sur l'Espagne, mais sur notre ambassadeur, on peut s'étonner que les historiens ne se soient pas davantage occupés de lui; car son mérite était réel, et, s'il n'a pas rempli tout ce mérite, du moins les contemporains ont su l'apprécier. Voici comment en parle l'auteur d'un mémoire sur les relations politiques de la France et de l'Espagne, 1802-3, mémoire rédigé peu après le départ d'Alquier de Madrid. Après avoir rappelé que ce fut Alquier qui engagea avec beaucoup d'habileté les négociations relatives à la cession de la Louisiane, laissant entendre, en somme, que c'est en grande partie à lui que l'on dut un succès dont Lucien Bonaparte fut le titulaire, l'auteur de ce mémoire porte d'Alquier le jugement général suivant :

M. Alquier n'était pas un esprit profond ; un goût vif pour les plaisirs l'avait de bonne heure détourné des études fortes et sérieuses [1]. Mais avec une politesse où il y avait peut-être quelque chose de recherché, avec des manières distinguées d'un homme de bonne compagnie, il avait une si merveilleuse dextérité à manier les esprits, il parlait avec tant de grâce, de finesse et d'esprit, connaissait si bien les faiblesses du cœur humain et était si savant dans l'art de les faire servir au succès de ses vues, que les ministres qui avaient d'abord résisté à l'autorité officielle de ses demandes finissaient le plus souvent par se laisser prendre aux charmes entraînants de ses conversations privées, aux saillies vives, neuves, ingénieuses et brillantes de son esprit et à je ne sais quel arrangement magnifique de paroles qu'il savait, en effet, combiner avec un art, une élégance et une originalité infinis, soit pour fortifier les arguments de la dialectique, soit pour y suppléer quand les raisons solides lui manquaient [2].

Si l'on joint à cette habileté, à cette clairvoyance, à cette connaissance des hommes, à cette distinction d'intelligence, à cet esprit de conversation et à cette séduction personnelle qu'on rappelle ici, cette juste réputation de droiture qu'Alquier conserva dans ses divers postes, on peut regretter que, quoique sa carrière ait été fort honorable, elle n'ait pas été plus brillante et qu'il n'ait pas été en situation de jouer dans notre diplomatie un rôle plus important. En Espagne, il est certain que lorsqu'il arriva, tout pour nous était à refaire, comme il le disait lui-même et qu'il avait tout refait,

1. Les dépêches que nous avons citées, suffiraient cependant à prouver qu'il avait l'esprit fort cultivé, et qu'il valait mieux, à cet égard, que bon nombre de diplomates de son temps.

2. A. E., m. d., t. 210-123, p. 32.

TABLE

MACON, PROTAT FRÈRES, IMPRIMEURS.

MACON, PROTAT FRÈRES, IMPRIMEURS.

Contraste insuffisant

NF Z 43-120-14